위기의 한반도

위기의 한반도

초판인쇄 : 2016년 12월 20일
초판발행 : 2016년 12월 30일
지은이 / 민희식
펴낸이 / 이정순
디자인 / 김중규
인쇄 / 미래문화사
펴낸곳 / 도서출판혜심
주소 / 서울시 관악구 신림동5나길 40
전화 / 02-532-6540, 1566-3301
팩스 / 02-871-4442
출판등록 / 제2016-000052호

*인지는 저자와의 협의하에 생략합니다.
값 12,000원
* 파본된 책은 바꾸어 드립니다.
ISBN 979-11-959721-0-4

민희식 박사의 긴급 입수!
미·중 합의안 북한 침공 시나리오를 밝힌다!

韓

위기의 한반도

민희식 저

미국, 중국, 일본, 러시아의 패권전쟁 그리고 김정은의 핵 개발 앞에서 최순실 게이트와 추락하는 경제로 뇌사 상태에 빠진 위기의 한반도를 구할 해법은 무엇인가?

도서출판
혜심

들어가며

한국 국민에게 고함

  2016년 3월 왕이(王毅) 중국 외교장관이 미국 존 케리(John Kerry) 국방 장관을 만나서 북한을 침공하는 계획을 논의하였고 미국은 극비리에 이를 합의하였다. 그 후 시진핑(習近平) 주석이 미국에 가서 오바마 대통령과 직접 타진을 하여 재합의를 하였다. 이처럼 미. 중 양국 합의는 이미 이루어졌다.

  합의에 있어 미국이 조건을 내걸었다. 중국이 장기간 북한을 점거하지 않는다는 조건이다. 시진핑은 김정은의 정권을 빼앗고 정리하여 권력을 박탈하기만 하면 바로 군이 철수할 것이나 그전에 중국의 공산정권을 만든다.

  핵폭탄과 탄도미사일이 없으면 북한은 아무 힘이 없다. 친 중국의 한국인을 꼭두각시로 내세워 놓고 정권을 잡을 것이다. 김정은 일족이 아니면 아무나 상관없다.

그러므로 북한이 이 정보를 입수하게 되고 북한의 핵 실험을 성공하고 소형화 핵탄두를 실은 미사일이 성공하면 그것을 미국에 쏠지 중국에 쏠지 양방향에 쏠지 불분명하다. 그러므로 미국과 중국이 손잡을 수 있다.

소련이 동독을 버리고 붕괴되었지만 중국은 북한을 버리지 않는다. 나는 이 사실을 2016년 4월에 알았으나 침묵을 지키며 기다려 왔지만 이 긴박한 상황 앞에서도 한국은 아무 발표가 없다. 시진핑은 북한 공격을 언제 명할지는 모른다.

분명한 것은 북한이 먼저 쏜 미사일이 북경에 떨어진 후에는 늦다. 북한은 가능성이 있을 때 먼저 중국을 진격할 것이다. 북한의 연이은 핵 실험이 완벽하게 성공하느냐에 달려있다. 현재 북한은 북경까지 가는 미사일을 가지고 있고 미사일에 실을 수 있는 핵탄두만이 문제다.

북한이 핵 소형화 실험에 성공하면 핵탄두 제조가 가능하다. 그 때는 북한 김정은의 위협이 현실화된다. 북한의 종래의 미사일과 현재 실험하는 미사일은 그 연료가 다르다. 종래의 미사일은 액체 연료이지만 현재는 고체 연료이다. 지금까지 실험에서 실패가 계속된 것은 고체연료가 액체 연료보다 제조가 어렵기 때문이다. 액체연료는 조금이라도 안에 불순물이 생기면 그 부분이 연소되어 예정된 대로 추진력이 생길 수가 없다. 그러나 고체 연료의 미사일은 운반이 가능하고 어디서나 사용이 가능하다.

제2차 대전 때 독일이 액체 연료에서 고체 연료로 바꾼 것이

최초의 V1 액체 연료에서 신형 V2 고체 연료이다. 폴 브라운이라는 독일인 기술자가 만들었다. 그는 전 후 미국으로 망명하고 그 연구팀은 소련군의 포로가 되었다. 중요한 것은 지금의 국제정세는 그야말로 일촉즉발이다.

2016년 미국 대선에서 트럼프가 당선되어 전 세계는 충격에 빠져있다. 또한 이에 대처하기 위해 바짝 긴장해있다. 트럼프는 실용주의이며 자국 보호주의이다. 트럼프는 오바마 정권의 미.중 북한 합의안을 수용할 가능성이 크다. 골치 아픈 북한을 중국이 해결해주는 일을 트럼프가 반대할리는 없다.

중국이 만약 북한을 접수하게 되면 한반도는 중국의 동북공정의 대상에 들어갈 수 있다. 그런데 이 긴박한 상황 앞에서 지금 한국 정부는 뇌사상태에 빠져있는 것이나 다름없다. 최순실 게이트와 폭발 직전의 경제 위기로 국정이 마비되어있다. 국가의 최고 통치자가 비선 실세와 그 주변 세력에 국가의 권한을 통째로 넘긴 채 수많은 비리와 이권에 개입하고 온갖 소문과 의혹 속에서 소용돌이치고 있다. 지도자에 대한 원망과 불신으로 온 나라가 흔들리고 있고 백만이 넘는 촛불이 성난 횃불로 변하고 있다. 국민과 헌법을 지키고 나라를 이끌 책임있는 리더가 간절한 때이다. 나는 이 임박한 상황 앞에서 우리가 한국을 지키기 위해서는 어떠한 준비를 해야 할지 사려 깊게 고민해왔으며 그 방법을 제시해보고자 하는 마음으로 이 글을 집필하였다. 또한 국민으로서 한국 국민에게 이 위급한 상황을 고하기 위함이다.

프롤로그

제 1 부

- 중국의 패권주의와 소수민족 한화전략   20
- 동북공정으로 한반도를 접수하라   22
- 중국의 서남공정 (티베트)   31
- 중국의 서북공정 (중앙아시아)   36
- 이미 진행 중인 중국의 한반도 접수 시나리오   39
- 중국의 중화사상(中華思想)의 개념   44
- 사회주의와 공산주의 해부   49
- 등소평(鄧小平)의 생애와 개방개혁   62
- 모택동 (毛澤東)과 손자 (손무, 孫子)   68
- 정권을 망치는 강택민의 유산(집중제도)   71
- 시진핑(習近平)의 중국   72

제 2 부

- 중국의 변화 85
- 중화사상 90
- 중국인의 왜곡된 영토의식 92
- 중국에서 일어나는 일 94
- 미국과 중국 99
- 중국의 문제들 104
- 그림자 은행 107
- 중국의 전략 109
- 3차 대전과 39도선 111
- 북한에서 일어나고 있는 일(북한문서 235) 114

제 3 부

- 100년 전 독일과 현재의 중국은 닮았다　　118
- 독일 비스마르크의 길을 걷는 중국　　123
- 유럽이 세력균형을 잃었을 때 전쟁에 휘말렸다　　125
- 중국, 군비증강을 통해 아시아 패권국이 되다　　130
- 중국의 패권주의가 세계평화를 위협한다　　133
- 세계의 패권은 미국에서 중국으로　　136
- 아프리카까지 뻗어가는 중국의 영향력　　143
- 새로이 대두되는 아시아 세력균형의 필요성　　146
- 동아시아를 중국에 일임하는 미국　　147
- 미국 민주당과 중국 공산당의 유착동맹　　149
- 미국을 아시아에서 몰아낼 기회를 노리는 중국　　155
- 일본의 동향　　159

제 4 부

- 중국은 왜 핵무기를 개발하였는가? 165
- 영국이 핵 개발에 힘쓰는 이유는? 166
- 누가 한국의 핵 개발을 가로막는가? 168
- 우리는 왜 핵무장을 해야 하는가? 181
- 바가지 쓰며 재래식 무기나 사다 쓰라는 미국 186
- 미사일 사정거리 제한으로 손발 묶인 한국 196

제 5 부

- 1국 2체제는 중국의 개입을 막을 수 있다 203
- 1국 2체제는 급격한 통일의 후유증을 줄일 수 있다 205
- 국제 정치학의 현재 207

제 6 부

- 트럼프의 시대 212
- 한일 군사정보 보호협정 215
- 위기의 한반도가 나아갈 길 216

프롤로그

지나간 슬픈 추억과 오늘의 한국..

　요르단이란 국명은 요단강에서 유래하는데 이 강물이 흑해로 빠지는 곳은 경사가 급하다. 요단강의 물고기 떼가 흑해 입구에 이르면 바다에 빠지지 않기 위해 강 위로 다시 올라가려고 애를 쓰는데, 물 흐름을 거슬러 올라가지 못하고 바다에 빠져 소금물 속에서 견디지 못하고 입을 벌리고 죽어버린다. 나는 이 정경이 보기가 딱해 흑해에 들어가 죽어가는 물고기를 손으로 잡아 요단강으로 던져준 적이 있다. 그때 물고기들이 다시 요단강을 거슬러 올라가는 모습은 보기만 하여도 행복하였다. 그래도 다 구할 수는 없었고 많은 요단강의 물고기가 바다에 빠져 죽어갔다.
　예수님이 세례 요한에게 세례를 받은 곳은 바로 여기서 멀지 않은 곳에 있다. 강물은 위에서 흐르는 것보다 땅 밑 샘에서 나오는 물이 많아 물이 깨끗하다. 주변 경치도 아름답다.

　1951년 1월초, 한국전쟁 때 선전포고도 없이 갑자기 쳐들어 온 중공군의 인해전술(人海戰術)이 생각난다. 많은 서울 시민이 공포심에 떨며 피난민이 되어 남쪽으로 내려갔는데, 요단강의 물고기 떼가 흑해에 빠지면 소금물 속에서 죽듯, 서울시민들도 빨리 남쪽으로 피난하지 못하면 추위와 배고픔, 공포심에 사로잡혀 많은 사람들이 길거리에서 죽음을 맞아야했다. 그때 피난민들의 눈초리는 마치 요단강에서 흑해로 빠지는 물고기 떼의 눈과 비슷했다.

　피난민들은 미군이 먹다버린 음식 찌꺼기를 모아서, 물에 여러 번 씻고 그 위에 고추 가루를 뿌리고 드럼통에 데워서 연명을 하는데, 그나마도 잠시 쉴 틈이 없어 중공군이 안양에 이르면 군포로 내려 가야하고 다시 뒤를 쫓아오면 또 다시 아래로 내려가야 했다.

　어린애들의 시신이 여기저기 널려 있는 가운데, 마치 요단강의 물고기 떼가 흑해로 빠져 죽지 않기 위해서 강으로 다시 올라가기를 지향하듯 피난민들은 중공군이란 인간의 바다를 피해 도망쳐야 했다. 서울을 점령한 중공군들은 거리에서 사람의 모습을 보지 못하였으니 그 또한 실망이 매우 컸을 것이다.

　한 여인이 의정부에서 대포소리를 듣고 놀라 아기를 들쳐 업고 며칠 동안 쉬지 않고 노량진까지 도망쳤으나, 거기서 한숨을 돌리고 아기에게 젖을 먹이려고 등에서 내려놓고 보니 베개였다. 그 어머니는 다음 날 미쳐서 죽어버렸다. 나는 지금도 이 모습이 잊혀 지지 않는다.

 전란의 와중에 나도 어느새 군대에 들어가게 되었는데 아버지가 의사라서 군속으로 의무대에 근무하게 되었다. 다행히 그 해 3월 말에는 서울을 다시 탈환하게 되었고, 용산에서 돈암동 집까지 가면서 적막한 서울 거리에서 노인 두 사람이 지나가는 것 밖에는 보지 못하였다. 집에 가 보니 수도관이 터져 주위가 물바다였지만 그래도 다락에 올라가 피곤에 지쳐 잠이 들었는데 밤에 대문을 부수는 소리가 났다.

 미군들이 양공주를 데리고 왔는데, 그것은 양공주의 청으로 집집마다 들어가 귀중품을 털기 위해서였다. 하지만 그땐 또 사람이 그리운 때라서 미군은 나를 보고 반갑게 인사하고 하룻밤을 우리 집에서 같이 지냈다. 얼마 후 부대가 도봉산 근처에 이르렀을 때, 전란 중에도 그 마을에는 사람들이 살고 있었다. 나는 오른팔에 적십자 완장을 차고 있었는데 한 할머니가 나타나서 나를 보고 자기 집에 같이 가자고 하였다. 초가집에 들어가 보니 할아버지가 의식을 잃고 거의 죽어가고 있었다. 갑자기 할머니가 나에게 애원하였다. 할머니는 어디서 들었는지 오일 페니실린 한 대만 맞으면 살아난다며 울면서 매달렸다. 연로한 할머니가 어디서 그런 말을 들었는지 나는 의아했다. 당시 오일 페니실린은 최고의 만병통치약인 것은 사실이었고 나는 마침 그 약을 가지고 있었다. 내가 그것을 가지고 있다고 말하니 할아버지의 눈이 갑자기 활기를 띠었다. 할아버지에게 주사를 놔주자 할머니는 수없이 감사를 표했다.

이튿날 아침 떠나는 인사를 드리기 위해 잠깐 그곳에 들렀다. 그때 기적이 일어 난 것이다. 내가 전 날 할아버지를 보았을 때는 그날 밤을 넘길 수 없다고 생각하였는데 할아버지가 밖에 나와 장작을 패고 있는 것이 아닌가. 오일 페니실린이 병을 고친다는 강한 믿음의 힘은 기적보다 강한 것이었다. 할머니는 고맙다고 나의 입에 박하사탕을 넣어 주었다. 그 박하사탕은 할아범이 눈감고 저세상 갈 때 입에 넣어 주기위해 며칠간 손에 쥐고 있던 전 재산이라고 했다. 다시 지프차를 타고 대전까지 갔을 때에도 많은 사람들의 모습을 볼 수 있었다. 그들은 피난민들로 서울에서 집을 버리고 와 나다니는데, 주소도 없지만 그 보다는 군대에 소집당한 남편이나 아들들의 소식을 모르는 것이 더 큰 걱정거리였다. 한 여인이 내 가슴에 달린 <육군본부>라는 명찰을 보고 나에게 대구에 가면 아들의 소식을 좀 알려 달라고 애원하였다.

그 말을 엿들은 피난민들이 나에게 몰려 와 종잇조각에 자기들 피난처를 적어주고 아들이나 남편의 소식을 알려 달라고 하였다. 잠시 동안에 종이는 수 십장이 되었다. 나는 육군 본부에 돌아가자마자 바로 고급부관실 인사과에 가서 그 사정이야기를 하였다. 군대에 나간 사람들의 이름을 아는 것이 기밀도 아니고 인사과장은 인정이 많은 분이라 일과가 끝나면 한 시간 정도 시간을 내주어서 나는 사망자 명단 속에서 살아 있는 자의 이름을 찾아보았다. 나는 그때 인생 최대의 충격을 받았다. 명단을 아무리 뒤져도 그 대부분이 사망자이거나 행방불명자이고 살아있는 자는 거의 없었다. 중공군의 인해전술 앞에서 한국군은 매일처럼 수백 명이 전사하였고, 그 명단 속에 서울대, 고대, 연대 등 대학생도 꽤 많아서 수많은 인재 손실이 가슴 아팠다. 내가 그 피난민들에게 살아있는 자식이나 아들의 군대 주소를 알려 준 것은 10여명 정도였다.

내가 이런 지나간 슬픈 추억을 장황하게 떠올리는 것은, 이러한 전쟁의 비극을 체험한 국민의 한 사람으로서 또다시 이러한 비극의 역사가 일어나지 않기를 간절히 바라기 때문이다.

한국전쟁 때 한국정부는 극도로 부패해 있었는데 국민방위군 사건은 그 대표적 예이다. 그 당시 우리의 수많은 국군이 중공군과 싸우며 죽어가고 있었고 전쟁 통에 온 국민들은 굶어 죽거나 이산가족이 되었다. 그 와중에 국민방위군 간부들의 예산 착취로 더 많은 병사들이 죽어갔다.

그런데 오늘날 한국의 정세는 어떠한가? 경제도, 정치도, 국방도 모두 위기 앞에 있다. 그러는 사이에 북한은 잠수함발사탄도미사일(SLBM)까지 발사하고 최근에는 5차 핵실험까지 성공했지만 우리 국민들은 안보 불감증이다. 또한 사드배치를 반대하는 중국은 한국에 갖은 압박과 경제공세를 하고 있다.

전쟁은 한국에서 일어나 한국인이 희생된다. 동북아시아에서 핵무기가 없는 나라는 한국 뿐이다. 그리고 지금 한국에는 올바른 리더가 없이 우왕좌왕 하고 있다. 한국문제는 미국도 중국도 아닌 한국이 해결해야 한다.

어느덧 파란 많은 내 삶도 황혼 길에 접어들었다. 바람이 있다면 오랜 시간 연구해 온 이 집필이 한국의 장래를 걱정하는 저자의 기우에 지나지 않기를 바랄 뿐이다.

이글을 탈고 한 오늘밤은 왠지 잠이 오지 않고 어두운 창밖에는 비가 오려는지 천둥소리가 요란하다. 그런데 왜 지금 이 순간 나는 오래 전의 포탄 소리가 연상되며 요단강가의 물고기 떼의 죽음이 떠오르는지 모르겠다.

2016년 가을 성북동 서재에서. **민 희 식**

제 1 부

중국의 패권주의와
소수민족 한화전략

　중국의 현대사는 영토 확장의 침략사이다. 중국은 국경을 접하고 있는 거의 모든 국가와 분쟁을 일으켜왔다. 영토 확장에 대한 중국의 집착과 야욕이 아시아 곳곳에서 평화를 심각하게 위협하고 있는 것이다. 중국은 영토가 넓은 만큼 많은 나라와 국경을 접하고 있다. 현재 중국은 북동부로는 러시아 연방, 몽고, 북한, 서부로는 카자흐스탄, 키르기스스탄, 타지키스탄, 아프가니스탄, 남서부는 파키스탄, 인도, 네팔, 부탄, 남부로는 미얀마, 라오스, 베트남과 국경을 접하고 있다. 또한 중국 영해는 북한, 한국, 일본, 대만, 필리핀, 브루나이, 인도네시아, 말레이시아, 베트남과 국경을 함께 하고 있다. 1945년 이후 확장된 중국의 영토의 대부분이 소수민족을 무력으로 점령하고 차지한 영토이다. 중국은 1949년 공산정권이 수립된 이후 끊임없이 주변 민족과 국가를 공략하고 무력 점령하며 영토를 확장해 왔다.
　현재 중국은 1840년 아편전쟁 이래의 중국이 빼앗긴 땅을 되찾겠다고 공언하고 있다. 중국이 잃어버린 자국 영토라고 주장하는 곳은 현재의 카자흐스탄, 파미르 고원, 네팔, 미얀마, 베트남, 라오스, 캄보디아, 타이완, 오키나와, 한국, 러시아 연해주 등 실로 넓은 지역에 이른다. 중국의 주장대로라면 아시아는 모두 중국 땅이라는 주장이다. 그러나 실제 중국의 영토는 현재 중국이 차지하고 있는 영토도 약 40%만이 본래 중국의 영토로 나머지는 모두 무력으로 강제 합병시킨 땅이다. 중국의 군사력이 강해지고 국제적 지위가 향상됨에 따라 영토 또는 국경에 관한 중국의 입장도 더욱더 일방적이고 강하게 변화하고 있다.

중국은 13억이란 거대한 인구를 가진 나라로서, 해마다 약 1500만 명씩 늘어나는 인구를 수용할 새로운 땅을 필요로 한다. 그래서 중국은 '단 하나의 중국 (只有一個中國)'이라는 슬로건 아래 영토를 지속적으로 확장시켜왔다. 그 대표적인 방법이 바로 변경 지역 소수민족 또한 중국은 많은 나라와 국경을 접하고 있는데 소수민족 거주지역이 주로 변경지대에 위치하고 있으므로 소수민족이 그 모국이나 접경국 공략을 위한 교두보로 활용될 수 있다는 점에서 중요하게 여기고 있다.

중국 정부에 있어서 한족에 동화된 소수민족은 접경국 또는 그 모국을 공략하는데 가장 쓸모 있는 수단으로 효용가치가 높은 인적자원인 것이다. 그러므로 이미 점령한 소수민족에 대해서는 점유의 고착화를 위해 대규모 한화 정책을 써왔으며 변경지역 소수민족의 분리 독립 움직임에 대해서는 강경하고 가혹한 강경 노선을 취해왔다. 이처럼 앞으로도 중국은 영토를 넓혀 가는데 광분하여 여러 나라와 분쟁을 일으키며 검은 야욕을 드러낼 것이다.

동북공정으로 한반도를 접수하라

동북공정이란 무엇인가?

　동북공정은 동북 3성과 한반도에 대한 한화 정책이다. 동북공정이란 중국 국무원 산하 과학원 직속 변강사지 연구중심을 주축으로 2002년 2월부터 추진하고 있는 '동북변강 역사 여현 상계 열연 구공 정'이라는 긴 명칭을 가진 국가적 프로젝트의 약칭이다. 동북공정은 중국 동북변강 지역이 역사. 문화적으로 중국의 영역이었음을 뒷받침하기 위한 역사, 지리, 민족문제 등을 학술적으로 다루는 국가적 프로젝트를 말한다.

　여기서 동북변강이란, 우리가 흔히 만주라고 부르는 요녕성, 길림성, 흑룡강성의 이른바 '동북 3성' 지역을 말하는 것으로 고구려와 발해의 영역에 해당한다. 과거 중국학자들이 개인적으로 해오던 '역사왜곡 작업'이 1997년부터 사회과학원이 간여하면서 차원을 달리하게 되었다. 2002년부터는 정부차원의 '역사왜곡 공정'이 대대적으로 학자들을 동원한 가운데 본격적으로 시작되었다.

동북공정으로 노리는 것은 무엇인가?

　동북공정은 중국이 조선족을 한화시키기 위한 정책임은 물론, 유사시 북한 점령과 그에 대한 연고권을 확보하고 북한 점령 후 일어나게 될 한국과의 영토분쟁 등에 있어서 유리한 위치를 차지하기 위한 사전 포석이다.

　중국이 남북한의 통일을 원치 않는 이유는 바로 한반도 통일 후 요동치게 될 동북지역 때문이다. 동북 3성, 즉 요령성, 길림성, 흑룡강성은 조선족이 많이 분포하고 있는 곳으로 혈통으로도 한반도가 그들의 모국이다. 그러므로 중국은 남북이 통일이 되면 조선족이 결집되어 분리 독립 움직임이 일어나고 통일한국과도 조선족의 입지 문제로 충돌하게 될 가능성을 내다보고 있다.

　중국은 그들이 예상하고 있는 부담요인을 사전에 제거하기 위해 조선족을 중국 각지로 분산시켜 한족으로 동화시키는 정책을 동북 공정에 포함시키고 있다. 동북공정에는 북한 정권이 붕괴되거나 정변이 일어나는 등 비상사태가 발생할 경우 북한지역에 대한 연고권을 주장하며 중국의 개입을 합리화하려는 전략도 포함되어 있다. 이 경우, 북한은 제2의 티베트로 전락할 가능성은 얼마든지 있다.

　중국은 현재 북한 정부나 남한 정부와는 물론 향후 통일 한국과의 관계에 있어서도 유리한 고지를 차지하기 위하여 명분을 갖추는 일에도 치밀하다. 2001년 북한이 유네스코에 고구려고분을 세계문화유산으로 등록신청을 하자 중국은 이례적으로 즉각 이의를 제기하고 등록을 방해했다. 만일 북한의 신청이 받아들여지면 고구려가 북한의 역사임을 인정하는 것이 되며, 따라서 고구려 역사를 자국 역사의 일부분으로 주장해 온 중국은 그 명분을 잃게 되기 때문이었다.

2003년 중국은 공산당 기관지 광명일보(6월 24일 자)에 '고구려는 중국의 소수민족 지방정권'이라는 기사를 실었다. 2004년 7월에는 북한의 신청에 맞서 오히려 집안(集安) 고구려 고분군을 세계문화유산으로 등재시켰다. 고구려 역사가 중국 역사라고 세계적 인정을 얻어낸 다음 고구려 영토인 한강 이북까지도 중국의 영토라는 주장을 펴기 위한 사전 계획인 것이다.

중국은 한국과의 역사적 쟁점사항에 대해 그동안 공들여온 논리를 개발해 왔다. 저자의 친구인 밀러 (Edward miller) 교수는, '중국은 사전 준비를 철저히 해왔다 (They've done their homework)라고 말했다. 그 탄탄한 논리를 뒤집기가 쉽지 않을 것이라는 뜻이다. 우리가 말로 비난만 하고 있는 동안, 중국학자들은 역사서를 뒤지고 현장을 파헤치며 유리한 역사의 편린들을 대거 수집하고 집대성해 놓고 있다.

한국 정부와 국민들은 사태의 심각성을 깨닫지 못하고 있다. 정책 실무담당자들은 실상조차 정확히 파악하지 못하고 있다. 중국의 역사왜곡에 대한 대응논리 개발에도 소극적이다. 전문 학자들을 양성하려는 노력도 부족하다. 국제사회에 중국의 역사왜곡을 알리고 바로잡으려는 노력도 미미하다. 일부 의식 있는 학자들 몇몇이 소리 높여 경고하고 있으나 힘이 없다.

동북공정 추진을 서두르게 한 것들은?

이성에서 벗어난 즉흥적이고 감상적인 행동을 애국적인 것으로 착각하는 일부 우매한 한국인들이 중국으로 하여금 동북공정을 추진하도록 유도하는 결과를 낳은 점도 있다. 1992년 한중 수교 이후 많은 한국인들이 백두산을 찾았다. 그들이 오른 백두산 천지의 반쪽은 엄밀히 중국이 실효 지배하고 있는 중국령으로 장백산이다. 한국 관광객들은 물론 일부 철딱서니 없는 국회의원들까지 가세하여 중국령 백두산 천지에서 태극기를 들고 기념사진을 찍고, 백두산 천지에서 태극기를 휘날리며 만세삼창을 소리 높여 외치기도 했다. 그뿐이 아니었다. 한 고위관리는 남북통일이 되면 중국 측으로 넘어간 백두산과 간도 땅을 되찾아야 한다는 발언을 하다가 중국 공안들에게 잡혀 가 심문을 당했고 광개토대왕비를 방문한 교수는 태극기를 들고 사진을 찍다가 억류당한 적이 있다. 연변지역에서는 한국 관광객들이 승용차에 '고구려는 우리 땅'이라 쓴 깃발을 걸고 돌아다니는 애국 행위도 여러 차례 있었다. 이러한 일부 비이성적 한국인들의 실리 없는 즉흥적 애국 행위는 중국인들로 하여금 연변 일대에 거주하는 1백만명이 넘는 조선족이 한국과 연대하여 독립을 요구할지도 모른다는 두려움을 갖게 했다.

2001년 한국 국회에서 재중동포의 법적 지위에 대한 특별법이 상정되자 중국 당국은 더욱 긴장했다. 이때부터 중국은 향후 한반도 통일 후 일어나게 될 조선족의 입지 문제, 남북통일 이후 예상되는 국경 및 영토분쟁의 가능성 등에 대한 국가적 차원의 대책을 세우기 시작했다. 동북공정은 장기적으로 볼 때 중국이 임진강까지 또는 한강 이북까지 자국의 영토로 차지하겠다는 명분과 이론적 토대를 공고히 하기 위한 사전 포석으로 본다.

동북공정으로 야기된 중국 대 한국의 7대 쟁점사항은?

동북공정에서 한국 고대사에 대한 연구는 고조선과 고구려 및 발해까지 포함하고 있지만 그중에서도 특히, 고구려를 중점적으로 다루고 있다. 그 이유는 옛 고구려가 차지했던 광대한 영토가 한국과 가장 첨예한 쟁점이 되고 있는 사항이기 때문이다. 한국은 고구려를 한국의 역사로 당연시하고 있지만, 중국은 국가적 프로젝트인 동북공정을 통해 고구려를 고대 중국의 지방 민족 정권의 하나로서 중국사에 편입시키고 있다.

만일 한국이 중국 동북공정의 책략에 휘말리게 되면 고구려 역사뿐만 아니라 발해사, 심지어는 고조선 역사까지도 잃게 되는 위험에 처할 수도 있다. 특히 중국은 한국인들이 단군 상을 부수고, 또한 철거하라고 시위하는 모습을 국제사회에 보도하며, 이것은 단군이 한국인의 조상이 아닌 고대 한반도를 다스렸던 중국인 지배자였음을 한국인 스스로 입증하는 명백한 증거라고 주장하고 있으며, 국제사회는 중국 측 주장으로 기울고 있다. 중국 측 주장의 요지는 단군은 고대 중국 지방정권 지배자이며, 따라서 단군조선은 한국 역사가 아닌 중국의 역사라는 것이다. 이 경우, 한국은 그 역사가 시간적으로는 2000년으로 대폭 줄어들게 되며, 공간적으로도 한강 이남으로 국한되고 만다.

중국이 동북공정을 통하여 쟁점화하고 있는 사항과 그 왜곡 내용, 그리고 우리의 반박 내용을 보면 일곱 가지로 분류된다.

첫째, 고조선 역사의 귀속

중국 측의 주장:
- 한국 학계에서 고조선의 건국신화와 환단고기를 부정하는 것은 한국의 역사가 아니기 때문임.
- 한국에서 단군상을 파괴하고 있는 사실도 고조선이 한국 역사가 아니라는 증거임.

한국 측의 반박:
- 단군의 고조선 건국을 2007년 한국 정부가 공식 발표함.
- 고조선의 건국신화를 인정함. (한국은 개천절, 북한은 단군릉)
- 단군상을 파괴하는 사람들은 한국인이 아닌 한국 체류 유태인 계열의 일부임.

둘째, 고구려 민족의 귀속

중국 측의 주장:
- 고구려 민족은 중국 고대 소수민족의 하나로 한민족과는 무관함.
- 고구려 민족은 주나라 역사 일주 섬. 왕희 편에 나오는 고이 씨 또는 고양 씨의 민족의 하나로 한민족과는 무관함.

한국 측의 반박:
- 고구려 민족은 고조선, 부여와 같은 예맥 계열의 한민족임.
- 고구려의 독특한 무덤 양식인 적석총은 한족과 다른 민족임을 입증함.
- 일주서는 사료로써 신뢰성이 없음.

셋째, 고구려 역사의 귀속

중국 측의 주장:
- 고구려는 한 군현에서 건국하고 중국 영역 내에 있었으므로 고구려 역사는 중국사임.
- 고구려 영역이었던 한반도 북부 지역과 한강 이북지역의 역사도 중국사임.

한국 측의 반박:
- 고구려는 한 군현과 투쟁하며 성장했으며 한 군현을 몰아 냄.
- 현재 중국의 영토가 아닌 북한 지역과 한강 이북 지역에서 이루어진 고구려 역사는 중국 역사가 아니라는 뜻임.

넷째, 조공의 성격

중국 측의 주장:
- 고구려는 한 왕조 이래로 중국에 조공을 바치고 책봉을 받는 속국 내지는 지방 정권이었음.

한국 측의 반박:
- 고구려는 독자적 연호를 사용한 중국과 대등한 자주국임.
- 조공과 책봉은 외교적 의례로, 종속관계를 의미하지 않음.

다섯째, 고구려 對 수. 당 전쟁의 성격

중국 측의 주장:
- 고구려는 국가가 아닌 중국의 속국이었으므로 고구려와 수, 당 사이의 전쟁은 국가 간의 전쟁이 아닌, 중국의 내전 또는 중국 국내의 통일전쟁이었음.

한국 측의 반박:
- 생존권 보존 및 패권을 추구하는 고구려의 대륙정책과 중국 중심의 일원적 지배를 꾀하였던 수, 당 제국의 대외정책의 전쟁이었음.

여섯째, 고구려 유민의 귀속

중국 측의 주장:
- 역사서에 따르면 고구려 지배계층 유민들 대부분이 중국에 귀속되어 한족에 동화되었음.

한국 측의 반박:
- 대부분의 유민들은 발해의 건국에 참여하여 사실상 발해가 고구려를 계승함.

일곱째, 고려의 고구려 계승

중국 측의 주장:
- 고려의 건국자들은 고구려인이 아닌 신라인들이었으며 고려의 건국 시기도 고구려 멸망 직후가 아닌 250년이나 지난 후의 일임. 즉, 고려는 신라를 계승한 것일 뿐, 고구려를 계승하였다고 할 수 없음.

한국 측의 반박:
- 고려는 국호에서도 고구려 계승을 표방함.
- 고구려의 수도였던 서경(평양)을 개경과 함께 양대 수도로 삼고, 고구려 영토 회복을 위해 북진정책을 추진함.

중국의 서남공정 (티베트)

　티베트는 중국의 서남 공작에 의한 한화 정책(漢化政策)의 대상이었다. 티베트의 면적은 123평방 km(한반도의 약 6배)로 중국 전체 면적의 약 1/8, 즉 13%를 차지하는데 여기에는 철, 석탄, 크롬, 마그네슘과 수천만 톤의 구리, 납, 아연 등 70여 종이 넘는 막대한 광물이 매장되어 있어 그 경제적 가치가 엄청나다. 특히 우라늄 광산은 중국에게는 중요한 자원의 공급처이다. 그뿐 아니라 방대한 산림과 목재, 수자원 및 태양열 자원 등이 미개척 상태로 남아있어 자원 안보에 총력을 기울이는 중국에게는 그야말로 알짜배기 보물창고인 셈이다.

　수자원 안보 차원에서도 티베트는 중국에게 중요하다. 인더스 강은 티베트 서부에서 발원하여 인도를 거쳐 파키스탄으로 흘러든다. 인도와 국경 분쟁을 겪고 있는 중국으로서는 티베트를 점유함으로써 인도의 거대한 강 상류를 장악하게 되는 셈이다. 중국이 수자원을 자원 무기로 삼아 인도에 대한 영향력을 쥐고 있는 것이다. 이와 같이 중국은 자국의 산업 발전을 위해. 주변 소수 민족의 땅에서 나는 막대한 자원을 활용하는데 혈안이 되어있다. 중국이 필요로 하는 천연자원이 있는 소수민족의 땅은 중국이 반드시 접수한다.

1949년 중화인민공화국이 서고 티베트에 2개의 도로를 건설했다. 이것은 티베트를 침공하기 위한 군용 도로로써 <일면 진군, 일면 도로건설>이란 구호로 압축된다. 중국은 1950년 10월 11일 티베트를 6 방면에서 침공하여 점령했다. 이와 같이 동시에 양면으로 군사작전을 감행한 중국의 역량에 놀라지 않을 수 없다. 1953년 3월 10일 티베트인들이 봉기하자 중공군은 이날 하루 동안에 시위에 참석한 티베트인들 12만 명을 학살했다. 중공군의 무자비한 진압으로 국제사면위원회에서 파악한 수치로는 약 100만 명 망명정부의 집계로는 약 1000만 명 이상이 학살되었으며 그중 약 10만 명은 고문으로 사망했다.

중국은 티베트 문화의 정체성을 대표하는 사원 6,000개 이상을 파괴하였으며 수많은 티베트 승려들을 강제로 결혼하게 하여 환속시켰다. 1965년 티베트 영토의 대부분을 쓰촨 성, 간쑤 성, 윈난 성, 칭하이 성으로 흡수시키고, 일부 지역만을 시짱 (Xizang, 西藏自治區)로 선포했다. 대외적으로 티베트에 자치권을 주었다는 인상을 주기 위한 시늉인 것이다.

중국의 각 성으로 흡수 편입된 지역에 사는 티베트인들은 그들의 언어를 배울 기회조차 박탈당하고 있다. 선택의 여지없이 중국어만 쓸 수밖에 없는 상황에서 티베트 국민들은 자신들의 모국어와 전통적 가치관 그리고 마침내는 민족혼마저 잊고 중국에 동화되고 있다. 또한 중국은 경제개발이라는 명목으로 티베트의 무진장한 지하자원과 수자원 그리고 산림자원을 무차별적으로 수탈해 가고 있다. 중국은 티베트에 대한 접근성을 높이기 위해 도로와 항공로를 건설했다. 2006년 건설된 칭짱철도(靑藏鐵路)는 티베트의 지하자원을 중국으로 실어 나르기 위한 수송로이자 보다 나은 한족의 집단 이주를 통해 티베트의 중국화를 가속화하기 위한 다목적 철도인 셈이다.

티베트는 군사적 전략적 가치도 높다. 티베트는 인도, 네팔, 부탄, 미얀마 등과 국경을 맞대고 있는 매우 중요한 전략적, 군사적 요충지이다. 티베트는 중국이 인도를 중심으로 하는 남아시아 세력권을 견제할 수 있는 중요한 전략적 위치에 있다. 또한 파키스탄, 아프가니스탄, 이란 등 서아시아에까지 영향력을 미칠 수 있는 거점이 된다. 고원 지대라는 지형적 특성으로 인해 티베트는 군사기지 배치에도 이상적이다. 중국은 티베트에 인도와 주변국을 겨냥하는 미사일 기지를 배치해 두고 있다. 또한 티베트에 건설되는 공군기지는 동남아시아, 서남아시아를 견제하는 전략기지가 된다. 중국은 네팔이나 부탄과의 외교관계도 강화하고, 스리랑카에도 무기를 팔아 육지와 해상 양면으로 인도를 포위하고 티베트의 군사 기지에서 인도를 압박하며 야욕을 드러내고 있다.

게다가 중국은 고전적 수법인 이이제이(以夷制夷)로 티베트의 달라이 라마(Dalai Lama)를 견제하고 있다. 달라이 라마는 티베트의 정치와 종교의 최고 지도자 겸 라마교 교주를 일컫는 칭호이다. 달라이는 몽고어로 바다를, 라마는 티베트어로 스승이라는 뜻으로 달라이 라마는 '바다와 같은 지혜를 가진 스승'으로 해석된다.

1950년 중국이 티베트를 강제 합병한 이후 봉기가 이어졌다. 중국군은 무자비한 진압으로 100 내지 1000만 명을 학살하고 거의 모든 사원과 문화재를 무차별적으로 파괴했다. 1959년 3월 31일 달라이 라마는 티베트인들과 인도로 탈출하여 인도 북부 히말라야 산기슭 다람살라(Dharmsala)에 티베트 망명정부를 세우고 비폭력 독립운동을 이끌며 티베트의 구심점 역할을 하고 있다. 현재 다람살라에는 약 10만여 명의 망명한 티베트인들이 살고 있으며 지금도 죽음을 무릅쓴 티베트인들의 망명이 이어지고 있다. 한편 달라이 라마는 관음보살(觀音菩薩)의 전생 활불(轉生活佛)로서 사후에 전생자(轉生者)를 찾아 계승되어왔다.

달라이 라마 다음의 제2의 지도자 판첸 라마(班禪額爾德尼)는 정교일치(政敎一致)의 티베트 국가의 위계 조직상으로는 제1위와 제2위의 지도자이지만 불법을 전해나가는 데 있어서는 번갈아가며 먼저 탄생한 사람이 스승 역할을 하며 이끌어 가는 전통이 있다.

1995년 달라이 라마는 겐돈 초에키 니마(Gendun Choekyi Nyima. 당시 6세)가 환생자라고 밝히고 제 11대 판첸라마로 지명했다. 그러나 중국은 초에키 니마를 납치하며 모처에 감금하고 있다. 그 대신 중국 공산당이 일방적으로 걀첸 노르부를 임명하여 꼭두각시 판첸라마로 부리고 있다. 이것은 중국이 이이제이로 판첸라마를 임용하여 티베트의 정신적 지도자인 달라이 라마를 견제하려는 것이다. 이 외에도 중국은 세계 각국에 달라이 라마를 초청하지 못하도록 외교적 압력을 가하고 있지만 달라이 라마는 이미 전 세계 50여 개 국을 방문했다.

한편, 한국 정부가 중국의 눈치를 보느라 번번이 달라이 라마의 한국 방문을 거부하고 있는 사실은 모두가 알고 있는 사실이다. 현재 달라이라마 방한 추진위원회가 불교계를 중심으로 결성되어 방한을 위한 노력을 경주하고 있다.

중국이 소수 민족을 한족으로 동화시키기 위하여 가장 간단한 전략은 인해전술(人海戰術, Human wave; Human sea)이다. 정책적으로 중국인들을 소수민족 지역으로 대량 이주시키는 것이다. 압도적으로 많은 중국인 이주민들이 소수민족 지역으로 쏟아져 들어와 땅을 차지하고, 신도시를 형성하고, 경제를 거머쥐고, 순식간에 중국인 사회로 바꾸어 버린다. 그 결과 주객이 전도되어 소수민족 사회는 거대한 중국인의 바다 위에 점점이 떠있는 작은 섬과 같은 형국이 된다. 중국인 이주민 집단에 밀려 객으로 전락한 소수민족 주민들은 불과 한 세대 후에는 소수민족 고유의 언어마저 잊게 되고 중국인으로 동화되게 마련이다. 중국의 한족 대량이주는 시대별로 소수 민족의 분리 독립 움직임을 원천적으로 와해시키기 위해 정책적으로 이루어졌다.

1980년대 이후 중국인들의 집단이주의 전략적 목표 지역은 티베트가 되었다. 무엇보다도 중국이 취하고 있는 가장 악명 높은 정책은 대대적인 한족의 강제 집단이주정책이다. 이로써 중국인들이 티베트로 물밀 듯이 쏟아져 들어와 해마다 티베트의 중국인 비율이 크게 높아져갔다. 그 결과 오늘날 티베트인들은 자신들의 영토에서 조차 오히려 소수민족으로 전락하여 살아가게 되었다. 티베트는 중국의 서남공정이었다.

중국의 서북공정 (중앙아시아)

서북공정은 위구르족을 포함한 중앙아시아의 여러 민족을 대상으로 하는 한화 정책이다. 특히 독립을 가장 활발하게 추구하고 있는 위구르족, 카자흐족, 키르기스족의 분리 독립 움직임을 원천적으로 무력 진압하고 한화를 촉진하는 정책이다.

신강성(新疆省)의 면적은 165만 평방 km로 중국 전체 영토의 1/6, 즉 17%에 이른다. 중국의 55개의 민족 중 47개의 민족이 신강에 거주하고 있다. 그중 주류를 이루는 민족은 신강지역 최대의 소수민족인 위구르족과 카자흐족을 필두로 키르기스족, 희족, 몽고족, 타지크족, 우즈베크족, 투르크맨족, 타타르족, 시버족, 다우르족등 13개 민족이다. 이처럼 중국에 있어 신강의 민족 문제는 매우 복잡하다. 신강의 위구르인은 인종적으로는 터키, 이란계로 서양인에 가깝다. 언어는 터키어의 일종인 위구르어를 사용하고 있다. 위구르인들은 그 대부분이 터키계 이슬람교도로 그 동족이 러시아 영내 중앙아시아에 거주하고 있다. 위구르인들은 같은 중앙아시아 이슬람 문화권에 들어있는 카자흐족, 키르기스족과 종교적, 문화적 동질성을 지니고 있으며 연대의식이 강하다. 이들은 모두 중국 영토 밖에 건설한 독립국가인 카자흐스탄과 키르기스스탄을 모국으로 하고 있다.

위구르 민족은 동 투루키스탄 (East Turkestan) 이라는 독립국을 세웠다가 1949년 중국에 강제 합병되어 중국에 대한 적개심이 크다. 이들은 자신들이 중국인이라 여기지 않으며 중국 한족과 싸우고 있다. 현재 터키에 망명 정부가 있으며 위구르 독립전쟁을 지속적으로 전개하고 있다. 과거 스탈린은 신강을 몽고 인민공화국처럼 공산주의 국가로 독립시키려 하였으나 중국의 강제합병을 막지 못했다. 다만 1950년 2월에 소련이 신강에 대한 중국의 지배를 묵인하고 그 대가로 석유, 천연가스 등의 공동개발권을 얻었다. 위구르족은 1990년대 중반 이후 서북공정의 주 목표가 되었다. 중국은 중동지역 이슬람 권역과 위구르족의 연계를 끊어 독립 의지를 압살하고 있다. 2009년 신장 위구르에서 발생한 3000명이 살해된 유혈사태는 이러한 분리 독립의 움직임을 차단하기 위해 중국이 무자비한 진압을 취하였기 때문이다.

중국은 위구르족을 동화시키기 위해 천만 명이 넘는 중국인들을 이 지역으로 강제 이주시켰다. 그 결과 건국 당시 5% 미만이었던 중국인의 비율이 2003년에는 전 인구의 60%를 넘었다. 신강으로 쏟아져 들어온 중국인들은 위구르인들의 땅을 빼앗고 있다. 중국은 위구르족의 지역을 빼앗고 나서 이곳을 거점으로 파키스탄, 아프가니스탄, 이란 쪽으로 세력을 확장하려 하고 있다. 한국전 휴전 후 모택동은 군대를 신강에 보내 그 많은 병사들을 그곳의 여성과 강제 결혼하게 했다. 이른바 한화정책으로 소수민족을 중국화 시키기 위한 방법이다. 1964년 저우포하이(周恩來) 수상은 신강을 방문하여 중국에서 이주해 온 정착민들을 격려하기 위해 연설을 했다. "뼈를 어디다 묻던 인생을 즐겁게 살아라"라는 시를 읊으며, 죽어서도 중국 서북 공정의 의무를 다하라는 암시였다.

또한, 중국은 2005년 위구르의 어머니라 불리는 반체제 인사인 레비야 카디어 (Rabiye Qadir) 여사가 노벨 평화상 후보로 추천된 데 대해 비판했다. 레비야 카디어 여사는 2000년 언론에 게재되지 못한 반중국 기사들을 외국으로 보냈다가 체포되어 8년형을 선고받았다. 그녀는 사흘 뒤에 중국을 방문하는 콘돌리자 라이스 미국 국무장관을 의식한 중국 당국에 의해 2005년 3월 17일 보석으로 석방된 뒤 신병치료 명목으로 미국으로 출국했다. 중국 외교부 대변인은 그녀가 사실을 왜곡하고 악의적으로 비난하고 있으며 궁극적으로 신강 위구르 자치구를 중국에서 분리 독립시키려 하고 현재 동 투 루키스 탄 테러 세력과 연관되어 있다고 주장했다. 우리는, 중국의 이러한 태도와 신강 점령을 볼 때 중국인의 땅에 대한 무서운 집념을 알 수 있다.

이미 진행 중인
중국의 한반도 접수 시나리오

　우리는 중국이 정치. 경제적으로 북한에 막강한 영향력을 행사하고 있음을 익히 짐작하는 바이다. 그러나 구체적으로 중국이 얼마나 철저하게 북한의 경제를 틀어쥐고 속속들이 파먹어 들어갔나를 알게 되면 놀라움과 심각한 우려를 금치 못하게 된다.

　중국의 북한 접수는 경제 협력이란 미명 하에 북한 경제를 중국에 예속화하는 것으로 시작된다. 중국은 북한 경제의 중국에 대한 의존도를 최대한 높이는 전략, 교통, 인프라 구축 등 사회 간접시설의 투자 및 조차권 확보, 북한 시장을 중국 상품 시장화하는 등 북한 경제의 예속화를 세 방향으로 진행하고 있다. 북한 경제가 중국에 예속되게 된 것은 북한 정권이 한국전 이후 중국에 기대어 의존적 경제운용을 해 온 결과이다. 중국은 그동안 북한 경제부터 접수하기 위해 전략적 수순을 차근차근 단계별로 밟아왔다. 가랑비에 옷 젖는 줄 모른다는 속담이 있다. 북한 정권을 두고 하는 말이다.

　북한 무역의 대 중국 의존도는 2006년 60%, 2009년 70%, 2010년 80%로 해마다 심화되고 있다. 중국은 이미 북한 경제의 80%를 장악하고 있다. 현재 북한의 소비재 시장은 중국산으로 점령당한지 오래이다. 교역대상 품목에서도 차이가 있다. 중국이 북한에서 반입하는 품목은 대부분 광물이나 수산물 등 1차 산업 상품인데 비해, 중국이 북한에 수출하는 상품은 가전제품, 기계류, 일용잡화, 의류 등이다. 대한 무역투자진흥공사의 자료에 따르면 북한 시장에서 중국산 상품의 시장점유율이 70%를 넘는다. 다른 분야에서의 중국에의 예속화도 불 보듯 훤하다.

중국이 단기적으로는 중국 의존의 북한 경제구조를 구축하여 경제 예속화 내지는 경제 식민지화를 꾀하지만, 장기적으로는 정치와 군사 전반에 이르기까지 실질적으로 지배하여 흡수하는 것을 목표로 한다. 즉, 동북공정이 북한 경제를 접수하는 것에서부터 진행되고 있는 것이다. 중국은 향후 북한을 접수하고 괴뢰정부(puppet state)를 세우거나 북한을 중국 영토로 편입시킨 후, 남한에 대한 영향력을 행사하기 위하여서는 북한 경제부터 접수하는 것이 가장 무리 없고 쉬운 전략으로 판단하고 있다. 궁극적으로 중국의 속셈은 북한을 만주 경제권 지역 동북 3성 공업지대에 필요한 원료 공급지로 북한을 흡수하여 네 번째 성으로 만들어 동북 4성의 경제권을 구축하는 것이다.

현재 중국은 동북 3성의 운용에 필요한 지하자원을 북한에 의존하고 있으며, 북한은 중국의 상품시장으로 전락하고 있다. 북한이 동북 4번째 성으로 되어가고 있다는 말은 이미 새로운 말이 아니다. 투자라는 명목으로 북한 경제를 접수하려 드는 중국과, 당장은 급하니 중국의 도움을 받지만 중국에 예속화되는 것을 걱정하는 북한의 서로 다른 동상이몽이다. 교역 대상국의 다변화를 이루지 못하는 상황에서 중국 일변도의 무역확대는 북한 경제를 더욱더 깊이 예속의 수렁에 빠지게 하고 있다. 북한이 '동북 4번째 성' 또는 '조선 성'으로 전락하고 있는 것은 중국의 계획대로 되고 있는 것이 확실하다. 중국은 기본적으로는 대륙 국가로 한민족(漢民族)의 중국은 기원전부터 유라시아 대륙의 북부, 중서부, 남부, 동부의 세력과 대립 관계에 있었다. 지정학적으로 볼 때 중국의 잠재적 위협이 4방면에 존재한다. 흉노나 몽고와 같은 북방 유목민족, 위구르 등 서방의 유목민족계 이슬람 세력, 동방의 여러 민족 티베트. 인도의 남방 민족으로 주변 나라의 번영에 영향을 받아왔기 때문에 중국의 역사 지도는 한민족과 주위의 나라의 세력 변천 지도와 관계된다고 볼 수 있다.

그렇다면 현재의 동 서 남 북 관계는 어떠한가. 먼저 북에는 러시아가 있다. 1980년대에는 중소분쟁이 계속 일어나 모택동 국가주석은 미국의 닉슨 대통령과 손잡은 일이 있다. 그리고 중국의 서쪽 티베트, 위구르, 서북쪽 몽고도 손에 넣었다. 인도는 산이 험악하여 잠재적 적은 아니었으나 동부의 여러 민족. 동남아시아의 베트남은 중국과 대립한 나라들이다. 중국의 가장 허약한 지점도 천진에서 홍콩까지의 태평양 쪽이다. 남중국해 서역에 대한 미국의 관심은 한국의 반도, 대만 서태평양의 현상이 유지되는 데 있다. 항해의 자유 미 해군의 작전의 자유 같은 현상유지이다. 동아시아에서는 중국만이 미국의 현상유지 정책을 무너뜨려야 한다.

또한 중국으로서는 과거 100년간에 걸친 아편전쟁이라는 중국 민족에게 굴욕적인 한이 맺혀있다. 여기에 중국은 대만, 티베트가 무력을 써서라도 차지해야 하는 핵심적인 이익의 전형적인 곳이다. 그것이 신제국주의 정책이고 중국의 목적 달성의 정책이다. 미국이나 일본은 현상유지로써의 정책이지만 중국은 이와는 대립되는 그 이상이다.

중국 인민해방군은 여기에 열도선(列島線)을 그어 대만 오키나와 동중국, 남중국해를 중국에 내포시키고자 한다. 그리고 제2 열도선 내부를 중국의 재해 권으로 만드는 구상을 하고 있다. 일본은 해양국가 이므로 이것을 절대로 인정할 수가 없고 여기에 대립할 수밖에 없다.

2014년 5월 남중국해에서 새로운 사건이 터졌다. 중국이 갑자기 해저자원을 파내는 거대한 장치 오일리그의 건설을 시작한 것이다. 여기에 영유권을 둘러싸고 월남과 다투고 베트남의 배는 침몰하였다. 일 년 후 미국이 중국에 대해 강하게 자제해 달라고 하였으나 인공 섬은 완성되었다. 이 싸움은 1991년까지 소급된다. 필리핀에 있는 크라크 기지, 스피크 기지에 대하여 필리핀의 당시의 상원에서 심한 반미 운동을 일으켜 그해 11월 기지 제공 협정은 경신을 부정하고 미군을 쫓아냈다. 몇 달이 지나 1992년 2월 중국이 영해법을 제정하여 남사, 중사, 서사의 땅과 자원을 자기들이 소유하려는 운동을 벌인다. 필리핀은 놀라 2014년 4월 말에 미국과 방위협력 강화협정을 체결하여 미군부대가 들어오기 시작하였다. 그런데 며칠 후 중국이 남사군도에 오일리그를 가져온 것이다. 중국의 입장으로서는 한번 나가버린 미국이 다시 들어오자 강하게 반발하고 남사군도의 여러 곳에 대규모의 인공 섬을 건설하였다. 이에 화가 난 미국이 2015년 정찰기를 보내 중국의 만행을 전 세계에 알렸다. 그러나 중국은 공사를 계속하였다. 마침내 미국이 10월 27일 매립하는 인공 섬 영내에 이지스함을 파견하였다.

1996년 대만 총통 선거전에도 중국은 대만해협에 미사일을 발사하였다. 그때 미국은 항공모함 부대를 대만해협 인근에 파견해 미국의 함포 외교는 성공을 거두었다. 사실 그사이에 중국의 정밀 유도 무기의 능력이 크게 향상하여 미군이 대만해협 부근에 항공모함을 계속 파견하는 것이 만만치 않게 되었다. 전자기기, 통신 시설을 갖춘 인공 섬의 건설로 해남도에 있던 중국 해군과 공군의 전선 기지가 남해도의 여러 섬에 확대되는 것은 약 20년 후가 되면 일대가 모두 중국의 바다가 될 것이 분명했다. 여기에 대만이 중국의 배타에 들게 된다면 대만에는 중국의 해군기지가 생길 수 있다. 대만은 중국의 동쪽과 남쪽 바다의 연결선으로 그렇게 되면 미국의 오키나와의 유용성이 사라지게 된다. 만약 미국과 중국의 해전이 벌어진다고 가정할 때 중국은 미국이나 일본에 비하면 해전의 경험이 거의 없다. 1969년 중소 국경에서의 (진보도 다만 스키 섬) 사건 1979년 월남과의 싸움으로 그 규모도 작고 그 외의 실전 경험이 없다. 중국이 자주 도발한다고 하여도 전투에는 오랜 경험을 무시할 수 없어 거기에 허점이 있다. 그러나 중국은 결코 만만치 않다. 그들은 다른 나라 사람이 잘 쓸 줄 모르는 병법이 있다. 그것이 바로 손자병법으로 한국전쟁 때 미군도 여기에 많은 피해를 입었다. 손자병법의 핵심은 싸우지 않고 이기는 것이다. 싸우지 않고 이기는 것이 최상의 전투이다. 춘추시대 이래 중국인이 애용한 손부의 사상 즉 군사적 행동이 아닌 정치적 수단 외교적 수단 이외에도 중국인의 사고방식의 근원은 거의 무한에 가깝다. 2016년 대만의 총선거 민진당의 차이잉원 정권이 승리했다. 중국은 1996년에는 무력으로, 2008년에는 경제력을 그러나 민진당의 신정권에 대해서는 중국은 무슨 수를 쓸 것인지 나는 묘한 생각이 든다. 손자병법의 천 가지 중 마지막 방법이 전쟁이다.

중국의 중화사상(中華思想)의 개념

중국은 과거부터 역사적으로 중국이 주변의 다른 나라보다 자신들이 우월하고 다른 나라는 모두 오랑캐로 간주하여왔다. 과거 중국은 뛰어난 문화를 인정 하지만 오늘날까지 그들의 그러한 인식은 극도로 어리석은 생각이다. 오늘날 중국에는 과거의 전통과 연결된 중국적인 국가상이나 국제질서의 모델이 없다. 1912년의 신해혁명(辛亥革命)으로 청조(淸朝)가 무너지자 큰 문제가 생겼으니 그 후 새로 생긴 중화민족을 주위의 나라들이 존중하지 않게 된 것이다. 지배자라는 한족의 엘리트들이 볼 때 중국이 주위의 나라보다 우수하다는 그 존재를 아무도 인정하지 않고 주위의 이민족을 흡수하여 방대한 나라를 이룩하겠다는 꿈마저도 오늘날 완전히 붕괴되어 버리고 말았다. 무엇보다도 심각한 문제는 중국이 급속히 세계제국으로 자라는 가운데 그것이 무엇을 목적으로 한 세계제국인지 알 길이 없다.

중국이 상징하는 틀이 되는 법칙이 없다. 즉, 미국이라 하면 아메리칸드림, 민주주의 나라. 자유, 실용주의 등등의 선명한 이미지가 떠오른다. 오늘날 중국은 미국에 비해 어떤 대의명분을 내세울 수 있는가?

모택동은 중국이 안고 있는 문제에 대해서 다음과 같이 말하였다. 중국은 한(漢) 민족의 나라로 인구는 한족이지만 자원은 소수민족에 의해서 있다고 하였다. 중국은 한인이 중국인의 중심이라고 하지만 사실상 과거의 원나라, 청나라에 지배당한 시대에 이미 한민족의 혈통은 변두리로 물러나 흩어졌다. 오늘날 중국은 한인 이외의 소수민족을 포함해 새로운 중국을 건설하고 새로운 국민국가를 건설하고자 하지만 거기에는 실패한 국가다. 미국에는 전 세계에서 스스로 외국인이 찾아가서 공부하기도 하고 이민도 가고 미국 질서를 따르고 미국 시민이 되려고 하는 사람이 많고 주마다 법이 달라도 미국이라는 이름하에 서로 협력하고 대립이 없다. 그에 비해 중화사상의 본질은 인종도 문화도 아니고 고대부터의 한민족과 수많은 다른 민족이 모여 잡다한 행동 원리와 정체성이 확립되지 않은 생활이 양식을 이루고 있다. 중화란 중원의 정주 농민이었던 한족의 땅에 주변의 유목민들이 침입하여 지배하고 새로운 문화를 뒤섞어 살아온 것이다. 그 후 1949년 모택동이 이끄는 중국 공산당이 사회주의 국가 건설을 위해 중화인민 공화국을 세웠다. 이어서 등소평이 1978년 개혁개방 정치를 시작하였다. 이러한 모든 시도는 서양의 열강의 위협에 직면한 역대 적 지도자가 중국의 이전의 문화와 관계없이 새로운 국가관. 세계관을 확립하고자 한 것이다. 그러나 이러한 개혁이 고대로부터 계승된 중화사상의 변형된 면을 보아야 한다. 현대 중국인의 위대함의 원인에는 중화사상과는 별 관련이 없다. 오히려 근대 서양의 국가관, 국제질서의 모델을 극복하려는 것뿐이다. 중국은 새로운 중국이라는 민족을 만들기를 원한다. 그러나 그것이 무엇인지도 분명하지 않고 주위의 티베트인이나 우그로인, 한국인이 중국인이 되는 것을 이상으로 삼지도 않는다.

중국 공산당은 혁명 국에 간체자(萠体字)를 만들었다. 표면상으로는 글을 알 수 있는 인구를 늘리기 위한 것이라고 하지만 그 본질은 그 이전에 사용해 온 번체자(繁体子)를 읽을 줄 모르기 때문에 공산당 지배 이후의 인정된 언선(言線)만이 유통하게 된다. 과거의 역사를 단절시키기 위한 것이다. 중국과 중화, 한민족과 타민족의 개념이 정리되지 않는 한 중국은 국민국가가 될 수 없다. 과거의 중국의 한인과는 전혀 다른 중화인민공화국 중국 민족이 생겨나고 있다. 지금까지의 중국은 공산당에 충성만하면 되는 전 근대적 제국이었다.

　국민 국가화에 실패한 중국 공산당 통치의 정통성을 중국 통일(대만, 티베트) 아편전쟁의 비극에서 항일전쟁의 승리 경제발전에 의한 생활향상을 내걸고 있다. 그러나 부패가 심하고 격차가 너무 커지고 아직도 많은 중국인들이 생활향상을 실감 못 하고 있다. 그러므로 중국 공산당은 대만, 티베트, 우즈베키스탄을 자기 국민으로 만들 수가 없는 것이다. 시진핑 국가주석은 반부패 운동으로 권력을 집중하고 있다. 당내의 권력투쟁도 심하다. 엘리트층의 이익을 어느 정도 분산하여 중산계급 이하 일반 서민의 지지를 얻는 길이 시급하다. 현재의 중국은 마치 큰 용이 깊은 잠에서 갑자기 깨어나 꼬리를 마구 흔들며 화가 나서 움직이는데 무엇에 대해서 화가 나는지 자신도 모르는 형국이다. 그런 위험한 초 대국이 우리 바로 곁에 있음을 명심하지 않으면 안 된다.

　중국이 유라시아 대륙에서 다양한 민족을 통합하여 서로가 잘 살 수 있는 나라를 만들 수 있을까. 중국이 방대한 영역을 유지할 수 있는 새로운 이상 국가를 만들어 나갈 것인가, 분열할 것인가, 앞으로 공산당이 변하는가. 그러나 완전히 공산당을 버리고 새로운 제도를 이룰 수 있을 것으로는 보이지 않는다. 국가전략이나 국가체제의 양식에 관해 중국 엘리트들은 극도로 둔하고 기준 미달이다.

중국 공산당은 거대한 자유민주당으로 엘리트를 비공식적으로 각기 부족 족벌의 파벌을 만들고 있다. 공산당은 결당 이래의 이권 시스템을 계속 받고 있는 큰 인물과 지연, 혈연, 동창끼리 연결하는 비공식적 이익 공동체의 연합체이다. 또한 전당도 파벌도 아닌 중국 공산당의 고급간부인 태자당(太子党)은 심각한 문제이다. 중국은 어떤 식으로 의사 결정이 이루어지는가는 외부에서는 알기가 어렵다. 그러나 분명한 것은 중국은 외부로부터의 압력은 절대 받지 않으므로 내부에서 변화하는 수밖에 없다. 태자당의 구성원들은 대개 외국에 나가 공부한다. 장차 그들이 중국으로 돌아가 일한다면 중국으로 돌아오는 엘리트의 재생산은 어떻게 이루어지는가? 중국 엘리트들은 중국이 자기가 지켜야 할 조국이라고 생각하는 사람이 적다. 현대의 중국인들은 인간은 한 개인으로 존재하는 동시에 가족의 한 구성원으로만 생각한다. 고로, 과거에는 한 족속의 시조, 조부모, 부모로 계승하며 장래에도 아들, 손자로 이루어지는 생명의 연속감을 강하게 의식했다. 한국과 비슷했던 이점이 중국인이 좋아하던 기(氣)인 것이다. 언제나 조상과 자손의 이름을 빛내는 데 있다. 남이 무어라 해도 멋진 선조로서의 존경받는 굳은 신념으로 구원을 받는다. 부친의 세대에 공산당을 만들고 중화인민공화국을 건국하였다. 그리고 자신들의 유산을 지켰다. 그러나 정변이 일어나면 모두 도주한다. 나라보다는 가족이라는 기(氣)의 연속이 중요하므로 외국으로 망명하여 돌아오지 않는다. 다만 중국에 남아있는 일족과 연결선을 만들어 놓는다. 그리고 외국에 나간 자는 화교가 된다. 그들은 중국어를 유지하고 선조 숭배를 한다. 나라 전체가 어렵게 변해도 그들의 기는 유지 한다 중국이란 바로 이 생명선이다. 그들은 공산주의의 발상을 제대로 이해하지 못한다. 남의 것도 자기 것, 내 것도 자기 것이라고 생각하는데 이러한 사상은 사회주의가 될 수가 없다.

사회주의와 공산주의 해부

미국이 자유의 나라임을 표방하는 것은 자유를 위해 미국에 온 퓨리탄(淸敎徒, Puritan) 사상이 있고 자기의 몸을 스스로 지킨다는 자조(自助)의 정신이 퓨리탄의 엄격성에서 온 <자유에 따르는 힘>의 사고이다. 이 퓨리탄 사상에 기원을 가진 자유가 경쟁사회를 긍정하여 아메리칸드림(American Dream)이라는 사상을 낳았다. 미국에서는 누구나 자유로운 기회가 주어지고 그것을 키워 나가면 꿈이 이루어진다는 것이다.

기독교의 이러한 정신은 엄한 미지의 환경을 살아나가기 위한 것으로 기독교 이외의 철학이 나왔다. 프래그머티즘 (pragmatism), 즉 실용주의로 이 세상의 모든 가치가 있는 것은 실용적인 효과를 갖는다는 사고방식이다. 여기에 유럽의 관념적인 철학은 탁상공론에 지나지 않고 살아가는데 별로 도움이 되지 않는다. 미국이 필요로 하는 것은 유럽인의 머리로 짜낸 철학이 아니고 삶을 위해서 필요한 철학이다. 따라서 프래그머티즘에서는 진리가 하나밖에 없는 절대적인 것이라고 해도 그것이 반드시 미지의 대륙에서는 살기 위해서 있는 사상이 아니다.

살기 위해서 필요한 것은 절대적인 진리가 아니고 보다 자유로운 상대적인 진리이다. 미국인의 윤리에 토대가 되는 것은 퓨리탄이고 그 행동의 지침을 만든 것은 프래그머티즘이다. 그러나 정치의 지침은 그들을 둘러싼 지리적 요건이다. 역사적 요인, 다민족 국가라는 현상이 복잡하게 얽혀 이루어진 것이다.

중국에는 이전에는 세계적으로 손색없는 문화의 전통이 흘러 내려왔다. 공자, 노자 등 수많은 독창적 사상가가 나타나 제자백가가 있었다. 공자가 살던 전국시대 여러 지역의 위정자들은 난세를 살아나가기 위하여 지혜를 추구하였다. 또한 위정자에게 자기의 아이디어를 파는 자들도 많이 나타났다. 전국시대의 어드바이스는 도덕보다 전술을 논하는 것이 상식이다. 전술 론의 카리스마인 병가(兵家) 손자나 외교적 수단을 추구하는 합종연횡(合縱連衡). 케이스 바이 케이스(case by case)로 전쟁과 화의를 쓰는 소진(蘇秦), 장의(張儀), 종횡가(縱橫家)등 유명한 전술가도 많았다. 그런데 공자(孔子)가 설한 것은 도덕이다. 공자가 추구한 것은 <이기는 방법>이 아니고 <이긴 후의 세계 이론>이다. 하지만 중국의 전국시대는 550년이나 계속되었다. 이처럼 난세가 계속되면 백성들은 덕 있는 정치를 구하는 사고도 나올만하다. 그런데 이 순서가 좀 이상하다. 도덕적 이상 세계는 세계가 안정되었을 때 하면 되지만 그 이전 난세에는 민중은 난세를 우선 바로 잡아달라고 요망하는 것이 정상이다. 도덕적인 정치는 엄한 국제사회를 살아가는데 큰 도움이 되지 않는다. 혼란기인 국제사회에 덕 많은 위정자가 나오면 주위의 모든 사람들에게 이용당하여 더 큰 혼란을 가지고 올 수 있다. 중세의 이탈리아의 정치가 마키아밸리(Niccolò Machiavelli)는 난세를 살아 나가기 위해서는 도덕이나 신앙심은 오히려 방해가 되고 필요한 것은 목적을 위해서 수단을 가리지 않는 인물을 평가하였다.

그러면 유교는 정치와 무관한 사상인가 하면 그런 것은 결코 아니다. 유교가 강조하는 인(仁)은 상하의 질서를 중시한다. 위정자가 나라의 정치 시스템에 유교를 도입하는 것은 군신, 부자 등의 상하관계가 뚜렷해지는 것의 매력 때문이다. 중국의 유교는 한때 비판받았으나 최근 재평가되고 있다. 중국은 유교의 발상지이다. 그러나 중국은 유교 후에 불교, 도교도 태어났다. 도교는 민중사상의 하나로 예부터 중국에 있는 주술(呪術)에 덧붙여 무위자연(無爲自然)을´설하는 노자나 장자 등 도가(道家) 사상으로 불노불사(不老不死)의 신선이며 여기에 불교도 가미되었다. 중국에서는 유교는 천리(天理)를, 불교는 마음(心)을, 도교는 육체(身)를 다룬다고 하여 백성들이 누구나 지지해 온 사상이다.

유교에서는 천명을 입각한 도덕을 배우고, 불교에서는 번뇌를 떠난 마음이 편안한 경지인 열반(涅槃)을 배우고 도교에서는 육체적 불노불사(不老不死)의 사상을 배움으로써 전체적으로는 유교사상을 중심으로 믿어왔다.

모택동의 중국 사회주의가 된 후 유교사상은 배척되었다. 유교는 봉건 도덕이 근원이 되는 사고이므로 평등을 주장하는 사회주의와 계급적 사회질서를 구하는 유교와 맞지 않는다. 따라서 유교에 입각한 교육이 금지되고 비림비공(批林批孔) 운동으로 사회주의의 적으로 비판되었다. 공자의 봉건 도덕을 만들어 만백성을 괴롭힌 극악한 인간으로 보고 공자의 부활을 시도한 임표(林彪,)를 숙청하였다. 그런데 이때 나는 공자 비판의 말이 공자의 사상과는 너무나 동 떨어져 웃음이 터져 나올 지경이다. 비림비공 논문집에 나온 공자 평은 아래와 같다.

"공자의 눈은 살기로 넘쳐 있다."
"공자는 반혁명의 정치 사기꾼이다."
"공자는 돼지고기를 폭식하고 술을 많이 마셨다."
"공자는 이익이 있을 때는 굶주린 이리처럼 모든 것을 소유했다."
"공자는 무위도식으로 경작과 양잠도 하지 않고 좋은 옷만 입는 기생충이다."

여기에는 공자를 제대로 평한 글이 한 줄도 없는 황당무계한 소리들만 있다. 이것이 중국이 자본주의 국가에 퍼부은 선전서이지만 도대체 무엇을 선전하고자 했던 것일까.

그런데 21세기에 들어서 중국은 다시 공자 부활의 징조를 보이고 있다. 2004년 중국문화의 해외 보급기관으로 <공자학원>을 설계하여 오늘날 세계에 300개의 학교가 있다. 2005년에는 중국 정부 주최로 <공자 생탄 기념식전>을 열고 2011년에는 천안문 광장 근처에 높이 7.5미터의 공자 상을 만들었다. 문화 대혁명에 의한 사회의 대 황폐 냉전의 종결로 사회주의의 쇠퇴에 이어 국민이 중국의 사회주의에 불신감을 가지게 되자 공산당으로는 새로운 통치의 정당성이 필요하여 중국인들이 오랫동안 존경해 온 공자에게 구원을 청한 것이다. 지금은 공산당의 강령에는 소강사회(小康社會), 이덕치국(以德治國)등 유교의 말이 사용되고 있다. 사회주의 사회에서 이런 용어를 쓰는 자체가 모순이다. 민주주의 국가에서는 이런 극단의 정책 전환은 상상하기가 불가능한 일이다. 그러나 중국은 1993년 <사회주의> 경제를 도입하면서도 경제는 자본주의화하였다. 자본주의가 <자유>를 지향하는데 비해 사회주의는 <평등>을 지향하며 이 지향하는 방향의 차이에도 양자는 대립한다. 또한, 자유와 평등은 대립할 수 없는 것이다.

정치가는 자유와 평등이 실현되는 사회를 만들겠다고 흔히 말한다. 자유를 지향하면 사회는 경쟁적이 되어 이기는 쪽과 지는 쪽이 생기게 되고 평등을 지향하면 강자의 자유를 제한한다. 강자의 자유를 제한한다는 것은 누진 과세이다. 소유가 늘어날수록 세율이 오르는 제도이지만 무한히 재산을 늘리려는 부자의 경제적 가치에 제한이 된다. 부자에게 받는 세금은 정부가 사회보장으로 약자에게 준다. 이것은 순수한 자본주의가 아니고 자본주의의 수정이다. 그런데 이 세상은 완전한 자유의 상태로 내버려 두면 더 차별이 생기고 강한 자는 더 강해지고 약자는 더 비참해진다. 과거에는 그것이 심했는데 그것은 인권의식이 희박하였기 때문이다. 약자의 권리라는 말은 <인간은 누구나 평등하다>가 인권의식을 공유함으로써 성립되는 말이다. 인간은 누구나 평등하다는 말은 옳으나 이 세상의 모든 일에는 이기는 자가 지는 자를 지배하게 되어있다. 인간이 능력의 차이로 이기는 자 밑에 지는 자가 계속 복종하게 되면 평등의식은 생길 수 없다.

개몽사상에 의하면 <무지, 편견으로부터 모든 인간이 이성에 의해 해방된다면 인간의 평등을 외쳐도 납득이 간다. 이것이 인권의식(人權意識)이다. 이것은 인도적 사고방식이다> 이 인권의식이 과격하게 발전된 것이 사회주의이다. 산업혁명 때 자본가에게 착취당한 노동자가, 자본주의를 타도하자고 외칠 때 사회주의가 대두한다. 사회주의라 해도 과학적 사회주의가 있고 공산적 사회주의가 있다. 과학적 사회주의를 보자.

- 과학적 사고를 위해 의식보다 물질을 중시한다.
- 사회의 발전 법칙으로써 헤겔의 변증법을 채용한다.
- 물질을 만들어내는 작업인 생산 활동이 인간사회의 기초가 된다.
- 그 기초 위에 정신활동으로 법률, 학문, 정치, 제도를 만든다.
- 오늘날 사회는 하부구조를 지배하는 자본가가 자기들을 위한 상부구조를 만든다.
- 혁명으로 상부구조의 지배자가 노동자가 되면 노동자를 위한 구조로 바꿀 수 있다.

이처럼 과학적 사회주의는 단순한 사고나 기분이 아닌 과학적 이론에 의한 분석으로 평등의 사회를 구상한다. 고로 관념적인 요소를 배제하고 사고의 기초를 물질에 둔다. 이것이 유물론이다. 그런데 과학적 사회주의에서는 사회의 발전을 헤겔의 <변증법>으로 설명한다. 변증법이란 <대립만이 사회 발전의 원동력>이라는 사고방식이다. 이점에서 볼 때 사회 발전은 이렇게 생각할 수 있다. 인간에 있어서 물질을 낳는 직업은 노동이고 거기서 생기는 대립은 자본가와 노동가의 계급 대립이다. 이것은 노동의 과정에서 생기는 계급대립에서 오는 혁명만이 보다 이상적인 사회주의와 연결된다. 혁명의 결과 생산활동(하부구조)의 지배자가 자본가에서 노동자로 바뀌면 법률이나, 정치 등의 정신활동(상부구조)도 노동자를 위한 것으로 바뀔 수 있다. 이와 같은 역사관을 마르크스는

<유물사관>이라 부르고 하부구조가 상부구조를 규정하는 일, 하부구조 지도자가 상부구조를 뒤집어엎는 것이다.

사회주의의 기본적 구조가 이해되었으니 사회주의 국가의 공통점에 대해서 보기로 하자. 사회주의 국가에는 다섯 가지 특징이 생기는데 이것은 사회주의 국가에 필연적인 특징인지 그 외의 따른 요인 때문인지 살펴보자.

- 개인숭배
- 사상의 개조
- 억압적이고 자유의 배제
- 밀고, 국가의 감시
- 전체주의

개인숭배는 사회주의 국가의 특징이다. 소련의 경우 스탈린, 중국의 경우 모택동이다. 개인숭배는 평등을 지향하는 사회주의 이념에 반하는 한 인간을 특별 취급하는 것이 신분제도의 불평등 사회의 특징이다. 결론적으로 사회주의 국가에서 개인숭배가 태어나는 것은 다음 세 가지 이유에서 온다.

첫째, 카리스마 강한 혁명의 지도자가 필요하다.

약한 노동자가 자본가와 다투려면 큰 리더가 필요하다. 이 리더는 혁명 후 <건국의 아버지>가 되며 개인숭배로 갈 수밖에 없다. 사회주의 국가에서 개인숭배로 태어나는 것은 거의 필연적이다.

둘째, 평등사회를 만들기 위해 민주의 대표기관에 국가 권력을 집중시켜야 한다.

인민의 대 인민의 대표기관이란 중국에서는 <전국인민대표대회>이다. 그들이 노동자의 이익 대표정당인 공산당의 지도하에 권력이 구성되는 것이 민주집중제<民主集中制>이다. 중국에서는 인민의 대표자가 모이는 전인 대표(국회)가 입법기관인 동시에 최고 기관이 되고 행정부의 장인 국무총리의 임명, 사법기관의 톱인 최고 인민법원 재판관을 임명한다. 전인 대표(全人代表)가 3권의 모든 결정권을 가지고 있기 때문에 권력이 민주적 기관에 집중한다. 그러나 공산당의 지도란 명령이므로 공산당이 실질상 최고기관에 있다. 공산당이 톱이 되면 독재적 권력을 손에 쥐게 된다. 독재자는 절대적 권력이 있으므로 개인숭배를 강요할 수가 있다.

> 셋째, 독재자를 원하는 자가 방편으로 사회주의를 이용하면 군인이 쿠데타를 할 때 민중의 지지를 얻기 위해서는 사회주의를 방편으로 이용할 수가 있다.

평등하고 민주적 이상 사회를 만들자고 민중에게 호소할 수 있다. 쿠데타에 성공하면 군사독재정권을 수립하고 민중에게 개인숭배를 강요할 수 있다. 사상 개조의 문제를 보기로 하자. 사회주의는 계급의 차별이 없는 평등사회이다. 전 인민을 생산 활동에 열중하는 노동계급을 만들어야 한다. 자본가와 노동자가 있으면 평등이 사라지니 사회의 토대인 민중이 사회적으로 생산 활동을 해야 한다. 그러므로 사회주의 국가에서는 자본가를 노동자로 만들기 위해 사회 개조를 한다. 사회주의에서는 우선순위는 자유보다는 평등이다. 여기에 반대하는 자본가는 숙청하면 된다. 왜냐하면 혁명이란 하나의 계급이 다른 계급을 철저하게 섬멸하게 하는 계급투쟁이기 때문이다. 마르크스나, 레닌, 모택동은 폭력혁명을 열렬히 주장하는 인물이다. 사상개조로 자본가를 노동가로 바꾸거나 숙청하여 자본가를 소멸시키기만 하면 된다.

사실 사회주의와 공산주의는 혼동되어 사용되고 있다. 우선 노동자는 자본가의 착취에 대해서 혁명을 일으킨다. 이 혁명에 승리한 상태가 사회주의이다. 그래도 잠시 자본가가 힘을 갖는 현상이 다소 지배하므로 사상개조로 결국 노동자 계급만 남게 만든다.

그리고 <억압적 자유의 결여, 밀고, 감시>가 문제가 되는데 그러나 자유가 제한되면 정부의 정책에 불만을 갖는 인간이 나타나게 되고 정권에 위기를 가져 올 수가 있다. 그러한 사태에 대비하여 감시체제를 강화해야 한다. 직장이나 이웃 사이에 감시 밀고 망을 만들어 지옥의 풀코스를 제도화하면 결과적으로 자유를 지향하는 행동은 사라진다.

마지막 특징이 전체주의이다. 전체주의란 개인의 자유와 권리를 인정하지 않고 모든 것을 국가의 통제에 두는 것이다. 중국의 모택동은 자기가 세워야 하는 사회주의 국가의 모델을 스탈린에서 구하고 경제에서 개인숭배에 이르기까지 스탈린을 모방하였다.

1953년 스탈린이 죽자 후계자 흐루쇼프(Никита Сергеевич Хрущёв)가 스탈린을 비판하였다. 여기에 여러 가지 이념 문제로 <중소 대립>이 일어난다. 이 중소 대립이 계기가 되어 중국의 사회주의 건설은 혼미에 빠진다. 그 혼란의 이유는 모택동이 혁명의 천재이기는 하지만 나라를 다스리는 것은 극도로 무능하였기 때문이다. 그래서 모택동은 1956년 국내의 민주파 세력의 힘을 얻기 위해 공산당의 비판을 허용하였다. 그 결과 공산당의 비판이 너무나 강열하여 모택동은 화가 나서 <반우파 투쟁>이라는 이름으로 비판적 의견을 낸 자를 모조리 탄압하였다. 이에 1958년 공업과 농업에서 대개혁을 하였다. 그것은 <대약진 정책>과 <인민공사>이다. 대약진은 대대적인 중공업 개혁이다. 그러나 그 내용은 온 국민을 깡통 등 쇳조각을 모아 오도록 하여 그것을 용광로에 녹여 강철을 만든다는 조잡한 사고로 이 조잡품의 쇠로서는 중공업에는 쓸모도 없고 그나마도 농민이 농사는 짓지 않고 쇳조각을 오랫동안 주워 모았기 때문에 대흉년이 되어 아사자가 너무나 많이 생겨났다. 인민공사는 중국식 <대 농업 집단>으로 남자들이 쇳조각을 모으는 동안 여자들이 농작업을 하는 조직이다. 그러나 중국은 넓고 먼 곳에서 일하러 오는 여자들이 과로가 심하고 영양이 부족한 식사로 아사자가 쏟아져 나왔다.

  1966년에는 모택동 시대의 대표적인 악정(惡政)인 문화 대혁명(文化大革命)이 시작되었다. 이것은 봉건적 문화나 자본주의 문화를 타파하고 새로운 사회주의 문화를 만드는 대중운동이지만 대약진 정책이 대실패하여 민중에게 최대의 비극을 안겨주었다. 중학생 수준의 아이들이 <홍의병>이라는 이름하에 문화 대혁명에 비판적인 지식인들은 마구 때려죽였다. 세계적 수준의 음악가를 잡아 돼지우리 안에서 돼지 밥 주는 일을 시키며, 수술에 능한 명의사를 때려잡아 환자 치료가 불가능했던 일이 다반사였다.

  1976년 모택동이 죽자 등소평이 개혁개방정책을 하며 오늘날의 중국 발전의 기초를 닦았다. 1993년 강택민의 시대에 접어들자 정치체제는 사회주의 지방경제를 자본주의 시장경제라는 사회주의 시장경제로 내걸었다. 사회주의와 자본주의의 모순점을 지적한 학자도 있었지만 등소평은 사회주의에도 시장이 있고 자본주의에도 계획이 있다. 결국 평등하게 다루자고 하였다.

오늘날의 중국의 정치 세력은 공산당과 민간조직을 합쳐 네 종류를 나누는데 있다.

- 우선 시진핑 중심의 공산당 체제의 절대 권력을 지향하는 세력
- 1980년대 개혁파 지도자를 이어온 세력
- 간디나 만델라 같은 평화적 개혁을 지향하는 세력
- 민주화를 이끄는 세력

그러나 중심적인 세력권은 시진핑이 가지고 있다. 현대 정치의 기반은 정당정치로 중국에는 공산당이 강하고 이에 대항하는 야당 세력은 비교적 무력하다. 중국에도 민주화가 실현되어 번영해 나간다면 미래에 있어 인류의 행복을 보장할 수 있는 세계적 강국이 될 수 있는 가능성은 있지만 민주화로 전환하기엔 갈 길이 멀다.

등소평(鄧小平)의 생애와 개방개혁

 등소평(鄧小平)은 1904년 8월 22일 쓰촨 성의 농촌에서 태어났다. 1920년 16살 때 상해에서 배를 타고 프랑스에 유학하였다. 1921년 중국 공산당의 결성 소식을 듣고 <중국 사회주의 청년단>에 가입하였다. 그 후 체포가 두려워 소련으로 탈출하였다. 그의 할아버지는 지주였는데, 아버지가 도박을 즐겨 빚을 지고 여기저기 돌아다니며 땅을 조금씩 다 팔아버렸다. 등소평은 프랑스 유학 당시 정규 대학생은 아니었다. 그러나 유학 시 프랑스에 중국 공산당 지부가 생겨 도주하였던 것이다. 운동 참가자와 지식계급이 많아 공부도 열심히 하였다. 모스크바로 간 후에는 장개석의 아들 장경국(蔣經國)과도 같이 지냈다. 당시는 공산당과 국민당은 적대관계는 아니었기에 1923년에는 국민당에 들어가 그 후 공산당의 비판도 받게 되었다. 국민당과 공산당의 사이가 나빠져 1935년 공산당을 공격하여 8만 이상의 병력이 형서성으로 도주할 때는 일만 명으로 줄어들고 모택동은 이때 공산당 지도자가 된다. 1937년 일본이 중국을 지배하게 되자 국공합작이 성립되고 공산당은 연안을 근거지로 팔로군을 조직한다. 등소평은 여기에 동조하여 항일 투쟁을 하고 1939년 연안에서 세 번째 결혼을 하여 세

딸과 두 아들을 갖는다.

 그는 국민당과는 결별하였으나 공산당 안에서는 많은 사람이 서로 의심받고 불신하며 조직 문제로 공산당에게 의심받아 간첩으로 몰리기도 하였다. 그 틈을 타 모택동 파로 들어갔다. 중국 공산당이 도시가 아닌 농촌에서 혁명을 일으키는 방법을 선택하여 근거지를 만든 것을 그는 존경하게 된 것이다. 마르크스주의의 원칙으로 볼 때 농민이 혁명의 주체가 된다는 것은 생각하기 어려웠던 일이다. 그러나 중국의 전통으로 보면 그것이 자연스러운 일이기도 하였다. 중국 공산당과 홍군(紅軍)은 별도로 생기고 농민군의 장교들이 모택동을 근거지로 따로 만들어 모택동이 여기에 합류하였다. 손문(孫文) 때 황포 군관학교(黃埔軍官學校)라는 군인학교를 만들어 국 공합 방의 시대라 여기에는 저우포하이(周恩來)가 있었다. 혁명의 이상과 군사기술을 겸한 지도자를 양성하는 면에서 나라를 위해 새로운 기술을 겸한 지도자를 양성하는 면에서 새로운 기술을 연구하고 저 한 것은 국민당이나 공산당의 공통 이념이었다. 다만 다른 점은 국민당은 사유재산을 인정하고 공산당은 그것을 인정하지 않는 점이었다. 국민당이 주체였으나 그 안에 좌파, 우파 그룹이 생겨 좌파가 더 많았다.

 1923년부터 1927년까지 국민당은 좌파와 우파로 갈라지고 당시 많은 군인 조직 하에 당을 만든 것이 모택동의 주요 안점이었다. 국민당이 당을 만들었으나 공산당이 당을 더 잘 키워나갔다. 당과 군대가 이처럼 이중으로 된 것은 소련의 방식을 모방한 것이다. 등소평은 12년간이나 군인의 지도자와 협력하여 비록 사관학교는 나오지 않았으나 유능한 군인으로 자랐다. 모택동은 전투에는 별로 참가하지 않았으나 군의 전략이 뛰어났다. 등소평은 장기 계획을 세우는 머리가 뛰어나고 계획을 세우면 그 방향을 명확히 하고 그것을 달성할 수 있는 인물을 잘 골라 여러 면에서 관찰하고 성취하게 하였다. 1952년 자기 공산당을 중국 전체를 6개의 지구로 나누어 통치하였다. 등소평은 서남구의 제1서기로 경제, 교통, 교육 등 1966년까지 그 지위에서 열심히 일했다. 마침내 1952년 그는 중앙에 배치되어 부총리로 임명되고 모택동의지지 하에 중요한 역할을 하였다. 국공내전은 일본군이 전쟁에 패하고 물러난 후 격화되었다. 당시, 국민당의 병력이 훨씬 더 많았고 자금도 풍부하고 장래도 유망했으나 결국 국민당이 패하였다.

미국의 입장에서 보면 일본이 항복한 후 동아시아가 공백기가 생기지만 그것을 어떻게 처리하느냐에 대한 생각을 하지 못하였다. 인재도 없었고 전쟁 직후 국민당과 공산당이 통일하리라 믿고 마샬(Marshall) 장군을 파견하여 정권을 중재하였으나 실패한다. 한국을 반으로 나누어 소련에 주고 동시에 소련과 중국까지 적국으로 만들었다. 당시 처칠(Winston Churchill) 같은 인물이 미국에 한 명이라도 있었더라면 상상조차도 하지 못할 일이었다. 국민당과 공산당의 관계가 나빠지기 이전의 공산주의가 어떤 것인가를 전혀 몰랐던 것이다. 공산당은 농민들을 잘 선동하여 자기편으로 끌어들이고 장개석 군의 부패를 문제 삼는 데 성공한 것이다.

등소평은 제2차 세계대전에 태행산맥(太行山脈)에서 게릴라 활동을 하여 모택동의 신임을 얻었다. 모택동은 사람을 잘 보는 인사의 천재로 유능한 자를 잘 찾아낸 것이다. 국공 내전 때 등소평은 군을 조직하여 열심히 싸운 후에 그것을 제2 야전군으로 불리게 하였다. 1953년에는 그는 재정부장이 되어 국가재정의 운영도 맡아왔다. 1956년, 57년에는 모스크바에 가서 스탈린 비판에 대해서도 모택동과 행동을 같이 하였다.

1956년 소련 공산당 제1서기 흐루시초프가 스탈린을 비판하였다. 또한 모택동의 자질에도 문제가 많고 개인숭배만 장려하고 죄 없는 많은 사람들을 죽이고 동지를 숙청한 것에 대한 비난이다. 모택동의 눈으로 볼 때 스탈린 비판은 도저히 용서할 수 없는 일이었다. 모택동은 당시 중국에서 레닌, 스탈린에 버금가는 존재였다. 스탈린이 비판받으면 모택동도 비난받을 가능성이 있었다. 모택동은 매우 기분 나쁘고 불안한 일이었다. 이 역사적인 스탈린 비판이 이루어진 소련의 <20차 당 대회>에 등소평은 참석하였다. 스탈린 비판을 눈앞에서 보고 공산당의 조직이 문란해지고 당의 세력이 사라지는 모습을 본 것이다 당의 간부도 스탈린과 관계가 있다. 중국은 스탈린 비판에 대하여 <수정주의>라는 레텔을 부쳐 이를 봉쇄하였다. 중소 대립을 적극적으로 밀고 나간 등소평은 중국에서 모택동이 지켜주고 공산당의 권위를 살리고 중국의 혁명을 밀고 나가야 한다고 생각하였다. 이때 중소 대립이 없었더라면 미국 접근과 개혁개방은 없었을 것이다.

1963년 3월에 중 소 국경의 진보도(전 바이오 섬)에서 군사충돌이 일어난다. 미국뿐 아니라 중국은 캐나다, 오스트리아와도 관계 개선을 맺었다. 중국은 역사에 있어서 유교를 익힌 사람 가운데 지휘자가 잘못하면 유교를 비판하는 발상이 있었다. 1964년 흐루시초프가 실각하자 모택동은 자본주의 길을 가는 실권파를 비판하기 위해 부인 강청(江靑)과 더불어 1966년 5월에 문화혁명을 발동하였다. 1975년 등소평에게 문화혁명을 지지해 달라고 하였으나 등소평은 거부하였다. 등소평은 경험, 인간성의 사고방식이 모택동과 달랐다. 모택동의 혁명적 낭만주의를 따랐을 뿐이다.

모택동의 등소평에 대한 관점이 복잡했지만 자기 자신처럼 여기고 중요한 문제에 있어서는 언제나 등소평을 지지하였다. 1960,61년에 이 경향이 강하였다. 그러나 문화 대혁명 와중에 결국 등소평은 실각하였다. 등소평의 장남이 홍위병의 고문으로 신체장애자가 되었다. 1976년 9월 9일 모택동이 사망했다.

개방개혁은 1978년 12월 18일에서 12월 22일 전국대회 중앙위원회 전체회의 때 출발하였다. 개혁개방은 우선 중국 공산당이라는 공산당에 전권이 있었고 공산당의 주도하에 자본주의 경제와 유사한 정책으로 하는 것이다. 등소평은 개혁개방의 기초를 잡는 데 큰 주장을 하였다. 중국의 후르시초프는 되지 않고 스탈린이 모택동과 같으므로 모택동에 충실하고자 했다. 실사구시(實事求是) 즉 현실이 진리를 판단하는 기준의 프래그머티즘과 같은 원리이다. 진리를 검증하는 것이 진리라면 현실에 직면하는 실무가가 진리를 결정해야 한다는 것이다. 천안문에 세계 일민 대국 만세라는 슬로건을 내세운다.

한편 개혁개방은 중국의 발전전략이나 국제주의에서 내셔널리즘(nationalism)으로 방향이 크게 바뀐다. 사회주의 경제 개방개혁의 경제시스템도 시장경제도 이해된다.

등소평은 1988년에서 1989년에 있어 3가지 잘못이 있다.

- 1988년 가격통제의 폐지. 그때까지 중국은 물자의 가격이 정해져 있는데 시장 가격이 자유롭게 변할 수 있게 되자 그 결과 시장 반응이 혼란해져 일주일 만에 폐지했다.
- 등소평이 이웅을 불러 인민일보 사설에 학생에 대한 경고를 쓰게 하였다. 경고로 학생이 온순해질 줄 알았는데 학생들이 더 강경화 되었다.
- 부대에 천안문까지 진출하라고 명령을 내렸다. 그는 학생이 얼마나 반발하는지 예측하지 못했다. 그는 다소의 학생은 희생시키더라도 지도자가 강하지 않으면 안 된다는 강점을 보이려한 것이다.

서양인은 상대가 나쁜 짓을 하면 벌을 주고 그렇지 않으면 가만히 두지만 등소평의 공산당 정책은 나쁜 짓을 할 우려가 있으면 그 이전에 벌을 주는 방식이었다. 이것은 민주주의 인권에 반하나 등소평은 전국의 질서를 바로잡기 위하여 대를 위해서는 소를 희생해도 무방하다고 생각했다. 예방을 위한 선택에 집중한 것이다. 정치적 효과는 플러스이고 수단은 마이너스이다.

모택동(毛澤东)과 손자 (손무, 孫子)

2000년도 훨씬 이전에 춘추전국시대에 중국의 병법은 삼국시대의 조조에 의해서 소생하였으나 그 후 거의 그 생명력을 잃고 훈고학(訓詁學)의 대상으로 남아있었다. 여기에 새로운 생명력을 불어넣은 자는 손무로부터 2500년, 삼국시대의 조조로부터 1700년이 경과한 현대 중국의 모택동이다. 모택동은 자신의 논문 안에 <손자>를 인용하고 있는데 <적을 알고 나를 알면 반드시 이긴다>라는 말은 모택동의 논문 <모순론: 矛盾論, theory of contradiction>, <중국 혁명전쟁의 전략문제>, 지구전론(持久戰論)에서 인용하여 여기서 수많은 교훈을 끄집어냈다.

"우리의 전략은 하나를 가지고 열에 부딪히지만, 우리의 전술은 열을 가지고 하나에 부딪힌다. 이것이 우리가 적에게 이기기 위한 근본 법칙의 하나이다."

이 말은 모택동의 <중국 혁명전쟁의 전략>에 나오는데, 우리가 하나에 집중하고 적이 10으로 분산한다면 우리는 10의 힘으로 하나의 힘만 가진 적과 싸우는 셈이다. 우리는 다수이고 적은 소수이다. <손자, 시계편(始計篇)> 고로 적이 진격하면 우리는 물러서고 적이 멈추고 있으면 우리는 괴롭히고 적이 지치면 우리는 습격하고 적이 도주하면 우리는 진격한다.

"모택동 즉 적이 강하면 정면충돌은 피하고 적을 화나게 하여 냉정함을 잃고 방심케 하여 적이 지칠 때는 공격한다." - 손자

이로 인해 모택동의 모순론은 표절시비가 있기도 했었다. 한국전쟁 때 중국 측의 주장은 38선에서 한국군만이 월경한다면 중국은 전쟁에 개입하지 않지만 만약 UN군이 38선을 월경하면 싸우겠다고 하였다. 한국군의 일부만 이승만 대통령의 명을 받고 미군을 무시하고 1950년 10월 1일 38선을 넘어 쳐들어갔다. 그런데 8일 후 UN군이 38선을 넘어서 중공군도 참가하기로 결정되었던 것이다. 그래서 10월 19일 중공군이 북한에 출동을 개시하였다. 당시 백선엽 장군은 중국의 손자병법의 무시무시함을 잘 알고 있었는데 그는 중공군과 그 이전에도 싸운 경험이 있었다. 미군에게 그 경험을 이야기하였으나 한국인이라 그런지 무시했다.
  쳐들어오자마자 중공군은 8자 전법(八字戰法)을 썼다. 그것은 도로 양쪽 고지에 강한 진을 치고 후퇴하는 척하며 중공군이 미군을

도로에 유인하여 고지 위에서 철저하게 쳐부수는 것이다. 길이 갈라진 곳은 한 명도 통과하기가 어려운데 그것을 8자로 갈라서 거기까지 몰려온 미군을 가지도 오지도 못하고 죽게 되는 극도로 무자비한 전법이다. 그러나 백선엽 장군은 손자병법에 능해 그 수에 걸리지 않아 국군은 무사하였다. 맥아더는 인천 상륙작전을 성공적으로 끝냈지만 이후 매우 오만해지고 남의 말에 귀를 기울이지 않았으며 중국에 대한 정보도 별로 없었다. 맥아더를 둘러싼 참모들은 그의 비위만 맞추었는데 그 대표가 우이 로비로 그는 맥아더의 기분을 맞추기 위해 그에게 희망적인 보고만 하였다. 보통 희망이라는 것은 현실적인 사실에 의해 무자비하게 변경될 수 있는 법이다.

  우이 로비는 맥아더가 중공군이 군사개입할 가능성이 있느냐는 모든 질문에 중국은 분별을 할 줄 아는 나라로 절대로 한국전에 개입하지 않을 것이라고 말하였다. 그는 다수의 중국군이 북한에 쳐들어 온 것이 분명해졌을 때도 일부 군인이 개입할 정도라고 우기고 맥아더 주위의 사람들도 미 8 군사령관인 워커 장군(Walton H. Walker)에게도 그것을 설득하게 하였다. 워커 장군이 사태의 위기를 알았을 때 청천강까지 후퇴하라고 전국에 명령을 내렸으나 그때도 미국의 동경 사령부에서는 북진 계속을 주장했다. 적을 모르고 나를 아는지는 몰라도 초기의 전쟁에서는 이기기가 어려웠다. 인간은 큰 공을 세운 후에 오만 해지는 것이 문제다. 오히려 남의 말에 더 귀를 기울이고 다양한 사람들에게 정보를 제대로 수집해야 한다. 적도 모르고 나도 모르면 반드시 진다.

정권을 망치는
강택민의 유산 (집중제도)

 등소평(鄧小平)은 1997년 2월 19일 사망하고 강택민의 세력 장악이 이루어졌다. 등소평은 죽기 전 강택민 (장쩌민 江澤民)에게 당의 최고 지도자가 되기 위한 세가 지점을 강조하였다. 하나는 군을 잘 장악하라는 것이고 둘째는 공산당에 대항할 수 있는 조직을 만들지 않더라도 당이 분열될 수도 있기 때문에 당의 분열을 막으라는 것이다. 셋째는 어떤 일이 있어도 당의 부패를 막으라는 것이다.

 모택동의 시대에는 그에게 너무나 많은 권력이 집중되어 그의 폭주를 막을 수가 없어 문화 대혁명이 일어나게 되어 공산당은 중국에 많은 피해를 주었다. 이점이 되풀이되지 않기 위해 등소평은 권력이 한 사람에게 집중되지 않는 것을 바랐다.

 그것이 개인숭배의 금지이고 <집단제 도제>의 도입이다. 민주주의의 기초 위에서 여러 사람의 집중 행위의 원칙의 지도가 필요하다는 것이다. 민주주의는 많은 사람의 참가가 필요하고 집중은 소수의 사람에게 권력을 가지게 하는 것이다. 그런데 당의 조직이 권력이 상급 조직에 집중해야만 하고 민주주의보다 집중이 우선되어 좋은 결과를 낼 수 있는데 도움이 되는 집중이 민주주의를 소홀하게 만드는 결과가 되었다. 강택민 시대에는 부패 박멸을 열광적으로 외쳤지만 실은 그 구체적 행동이 없었을 뿐만 아니라 그 부패의 장본인이 자기 내부에서 나온 것이다.

한 예로 1999년 표면화 된<푸젠 성 원화(远华) 밀수사건>의 처리가 그 전형적인 예이다. 주범인 이창성(뢰창성.赖昌星)은 국가만이 수입할 수 있는 석유를 군의 명의로 수입하여 그것을 정제하여 가솔린으로 정제하여 만들어 당당하게 판매하였다. 여기저기 뇌물을 뿌려 관리들은 눈감아주었다. 당시로는 천문학적인 돈 800억 원이 넘는 거액을 탈세하였다. 이 사건에 연루된 사람들은 무수히 많았다. 그런데 이 사건은 강택민의 측근인 매경림이 푸젠성의 일인자로 있던 시기에 일어났다. 매경림은 당시 북경시장으로 영전되고, 강택민은 이 사업은 집안의 단권(單卷)이므로 지방에서 처리할 것이니 부경 시장에게는 손대지 말라고 하였다. 중국인도 느꼈겠지만 강택민은 부패 퇴치를 할 생각은 처음부터 없었다.

시진핑(習近平)의 중국

중국이라는 나라를 이해하기란 실로 어렵다. 그 이유는 중국이 거대한 나라로 너무 다양하고 무섭게 변화하기 때문이다. 중국이 지금 가고 있는 길은 지금까지 아무도 걸어본 일이 없는 길이다. 중국의 통치 시스템은 중국 공산당에 의한 일당 지배이지만 도무지 걷잡을 수가 없다.

1. 공산당 비밀주의 체질의 불가지성

중국인의 비밀의 범위는 우리의 상식을 벗어나 매우 넓다. 전국적인 비밀 정책 문제에 대해서는 당의 중앙에서만 결정할 권한을 갖는다.

중국 혁명에 있어 공산당의 선배 정당은 손문 [孫文, Sun Wen] 이 만든 국민당이다. 국민당도 소련 공산당의 조직을 받아들였지만 비밀주의 체질과 가혹한 투쟁에 일관하였다. 게다가 미소의 이데올로기 대립, 지정학적인 항쟁이 중국의 대외 불신을 조장한 것이다.

중국 공산당이 중국을 지배한 2015년은 거의 70년이 가까운 세월이 지났다. 그 이전의 혁명 시대는 30년도 되지 않는다.
13억이 넘는 백성을 8700만의 공산당원이 이끌고 가야 한다. 224만의 인민 해방군, 65만의 무장 경찰 160만의 공안이 아무리 애써도 모든 국민이 원하는 방향으로 끌고 나가기는 거의 불가능하다. 그런데 경제정책과 사회정책은 국민의 협력이 없이는 이해를 얻기 어렵다.

2011년 7월의 중국에서의 한 열차 사고의 경우를 봐도 알 수 있다. 고가 철교에서 떨어진 열차를 생존자 조사조차도 하지 않고 은폐 시키려고 그대로 땅에 묻어버린 장면은 세상을 놀라게 하였다. 그런데 그 속에서 한 여자아이가 살아서 발견되었고 그 아버지가 당국을 비판하여 전 세계의 지지를 받았다.

당시 지방 철도국은 운행을 재개하고 재발방지, 인명 구제를 소홀히 한 것이다. 중국은 지나치게 경제 발전에 치중하여 그 외의 것은 무시된 것이다.

중국이 물리적으로 세계의 대국이 될 수 있는 힘을 가지고 있으면서도 그 사고방식과 행동이 지도자답지 못한 점이 있다. 경제 발전 선전에 바빠 그 허점을 은폐 한 것이다. 중국공산당도 투명성과 책임지고 모든 것을 설명할 수 있는 의무를 충분히 국내외에 소개해야 한다.

2. 공산당의 강인한 조직과 인재 부족

공산당의 통치 능력의 실태를 보기로 하자. 개개의 공산당원이 <세포>이고 그것이 모여 당 조직이 된다. 공산당이라는 조직은 <신체>이다. 신체가 깨끗하기 위해서는 세포가 깨끗해져야 한다. 중국 공산당의 당원의 수는 8664만 명(2014년) 중국 주민 100명 중 6명이 당원이고 그 조직에는 정식 당원이 3명이 넘을 때는 당의 말단 조직 <기본 조직>을 만들게 되어있다.

따라서 전국의 모든 조직에는 당 조직이 만들어져야 한다. 그 조직 속에 당 조직이 침투하여 이 당 조직이 통일적인 전국 조직을 이룬다. 지휘관의 명령은 군대 조직과 유사하다. 중국에서는 당이 지도할 뿐 아니라 당과 행정의 간부는 대부분 같은 인물이 맡는다. 당과 정부도 마찬가지이다.

말단의 행정 조직이 기능 정지되어도 당원이 있는 한 당의 시스템은 가동된다. 항상 상급기관에 보고되기 때문이다. 이것이 세포조직의 강점이다.

한 예로 사 천문대 지진(四川門大地震)은 매그니튜드 7.9의 강진으로 사망과 행방불명자 8만 7000명, 부상자 37만 5000명의 대재난이었다. 이때의 대응방법이 중국 공산당의 강한 저력을 나타내고 있다. 우선 수많은 부상자가 차례차례 쓰촨 성의 수도인 성도에 싣고 오도록 명령이 내려진다.

당과 국가의 명령으로 국유기업이건 민간 기업이건 가리지 않고 항공기를 그곳으로 보낸다. 그 항공기에 많은 부상자를 태워 많은 도시에 보낸다. 그 후 당과 정부가 부상자들을 돌본다. 이처럼 부상자 대책이 순식간에 이루어진다.

중국에서는 공산당이 생각한 방향이 모든 것을 움직인다. 공산당은 당 중앙이라는 두뇌를 갖고 각기 당원의 신경세포로 구성되어 있다.

중국에서 가장 중요시되는 말은 단위(單位)라는 말이다. 기업, 농촌, 정부 관계 기관, 학교, 연구기관, 도시의 말단 행정조직, 사회단체 인민 해방군의 연대 인민 해방군의 연대가 여기에 해당된다. 이 당이 기본조직의 중심에서 지휘하는 것이 당의 원장이다. 그 구성 멤버인 의원과 서기는 대표로 이루어진 <대표회의>에서 선출된다.

이 표층의 기층 위에 중간조직이 있고 제일 위에 당의 중앙 조직이 있다. 당 대회는 5년에 한 번씩 열리므로 그 직무와 권한은 중앙위원회에 일임되어 있다. 공산당의 지도는 모든 조직 속에 공산당의 세포 조직이 침투되어 있는 면에서 모든 것이 가능하다. 공산당의 당원 수는 2000년 이후 증가되고 매년 200만이 증가된다. 공산당원이 되는 것은 일종의 특권 계급에 속한다. 집권당의 일도 증가하고 구체적 수치 목표를 내리지 않으면 밑층은 움직이지 않는다. 위에서 몇 명 증가시키라고 목표를 정해주면 그 밑에서는 사람 수만 맞추면 되므로 인재보다는 수준 이하의 인간, 이익만 노리는 자들이 많이 선출된다. 책임감이 강하고 성실한 인간은 그 일이 힘든 것을 알고 있어 본인도 적극적으로 나서지 않아 뽑히기가 어렵다. 이런 식으로 나가다 보니 말단에 선택된 자는 신통치 않은 자가 많다. 이처럼 중국의 부패가 말단에 갈수록 많이 배출되는 것은 인재의 문제뿐 아니라 제도의 문제임을 알 수 있다. 그래서 2014년 가을에 공산당이 여러 제도 개혁안을 만들어 내었다

3. 시진핑은 어디로 갈 것인가

 2015년 이후 해외에 나가 시진핑은 해 큰 무역 외교를 벌였다. 영국에 가서는 영국의 원발(原發) 프랜트 사업에 수십조 원을 지원하겠다고 발표하였다. 중동, 이란에도 수십조 원의 지원을 언급했다. 중국에 정말 그런 여유가 있는가?

 미국의 보잉사와 여객기 계약은 맺었으나 말썽이 생겼다. 중국이 보잉사와 여객기 구입을 약속 한 이유는 따로 있다. 중국은 순 국산 여객기를 만들 계획은 있었으나 실패하였다. 그래서 장래의 운행 계획을 세울 수가 없어서 부족분을 보잉사에서 조달하기로 한 것이다. 그러나 계약 자체가 장기적이고 몇 대 구입 하는지도 정해지지 않고 언제까지 양도 한다는 것도 없는 매우 유동적이었다. 이처럼 시진핑이 발표하는 투자 계획은 대개 기한이 없는 장기적인 것이다.

 시진핑은 요설가도 아니고 남의 의견을 잘 듣는 인물이다. 그는 중국과 중국 공산당을 위해 일할 강한 결의를 가지고 있다. 그리고 2020년까지 그 결과를 내놓을 결의를 하고 있다. 그러나 철저한 개혁을 하지 않고서는 발전도 안전도 이루기가 어렵다. 그는 중국의 특색이 있는 사회주의 건설을 스스로 이루어내기 위하여 집착하고 있다. 모택동은 경제가 발전되지 않은 단계에서 사회주의를 실현하려고 하다가 완전히 실패하였다. 사회주의를 실현하기 위해서는 우선 생산력이 높아져야 한다. 생산력을 충실하게 하는 단계가 사회주의 초반으로 가는 것을 시진핑은 생각해냈다. 흰고

양이 건 검은 고양이건 쥐만 잘 잡으면 된다. (不管黑猫白猫 , 捉住老鼠就是好猫)는 생각으로 경제발전을 가능하게 하는 것은 모든 것을 다 받아들이겠다는 뜻이다. 마르크스를 중심으로 한 서양문명의 사회주의가 아니고 중국만의 특색 있는 사회주의를 만들어야 한다는 것이다. 이 사상은 등소평에게서 배운 것이다.

4. 불가사의한 필요악의 권력집중

시진핑의 중국은 <개혁의 전면적 심화>를 성공시켜야 한다. 그러나 개혁은 기득권층 위의 싸움이 된다. 그것은 <경제의 발전>, <사회의 안정>, <공산당 통치의 유지>이다. 시진핑의 시대에 들어서 총서기에게 권한이 집중하는 방향으로 나간다. 둘째로 상부 의원의 수가 9명에서 7명이 되어 총서기인 시진핑이 정법을 묻는 총서기의 직접 지배하에 들어간다. 셋째로 북문 횡단의 조직을 만들어 그 통에 시진핑이 취입하고 직접 지휘명령을 내는 체제가 된다. 주로 다음과 같다.

① 중앙 전면 개혁 심화지도 소조(小組).
② 중앙국가안전위원회
③ 중앙 인터넷 안전보장과 정보화 지도소조
④ 중앙군사위원회 국방부와 군대 개혁 심화지도소조
⑤ 중앙재정 경제지도 소조 가 있다.

이러한 지도 소조를 써서 시진핑은 직접 다른 상부 위원이 소관하고 있는 사항도 지도하여 감독하게 되어 그의 권한이 확대된다. 인민해방군이 시진핑을 지지하는 이유의 하나는 시진핑이 중국 공산당의 원로인 시중훈 (習仲勳 xí zhòng xūn)을 아버지로 두고 시중훈은 인민해방군과 깊은 관계를 가지고 있기 때문이다. 이 지대의 인민해방군 인맥과 중앙에서의 경험이 인민해방군을 돕는다. 네 번째는 고급간부 자제들의 동지의 관계이다. 태자당[太子黨]으로 분류되는 이 당은 구성원들이 어렸을 때부터 같은 환경에서 자라고 같은 학교에서 공부한 깊은 관계이다. 이처럼 시진핑은 독자적인 인맥을 인민해방군 안에 가지고 있었던 것이다.

5. 반부패의 문제

국민당이 공산당에 패한 것은 부패 때문이며 부패가 가져오는 빈부격차의 확대는 공산당에 대하여 국민이 불만을 가진 사항으로 부패방지는 국민적 대책이었다. 이에 시진핑은 반부패 투쟁의 추진을 선언하였다.

호랑이와 그 몸에 붙은 파리를 다 때려잡는다는 사상이다. 지도간부의 위반사항을 단호하게 조사하고 처단하여 대중의 신변에 있는 부정부패를 확실하게 정리한다. 특히 파리를 친다는 것은 말단의 민중의 불만을 해소하는데 큰 도움이 된다. 호랑이를 쳐도 민중이 환영하는 동시에 시진핑 당내의 저항을 약화시키고 그의 구심력을 강화할 수 있다. 확실히 안정, 개혁, 발전의 개혁개방 시대의 세 가지 키워드이다.

6. 모두의 당이 된 공산당의 모순

공산당은 중국에서 다른 어느 것과도 비교할 수 없는 강대한 조직이지만 길 없는 길을 시행착오로 앞으로 나가고 있는 것이다. 중국이란 본래 역성혁명 [易姓 革命]을 해 온 나라이다. 천(天)이라는 절대적 존재가 있어 천자가 천명을 받아 천하를 다스린다는 것이다. 그런데 다른 성을 가진 자가 천명을 받고 새로운 왕조를 만들어 가는 사고이다. 청조 말에 외국이 침략하고 국가는 반 식민지 상태가 되었다. 중국의 민심은 천국을 떠났다.

손문[孫文, Sun Wen] 이 들고일어나 국민당을 만들고 중화민국이라는 나라를 세웠다. 일본의 침공으로 국민당은 일본과 공산당을 적으로 싸워야 했다. 공산당과 싸우며 천하를 다스리던 국민당은 부패의 극치에 이르렀고 국민의 지지를 잃고 공산당에 패하였다. 공산당은 정권을 잡자 자본가, 지주 등 기득권자들을 타도하고 1949년 중화인민 공화국 성립 당시 민심을 얻었다. 그러나 공산당의 통치는 모택동 (마오쩌둥, 毛澤东)에 의한 정치투쟁이 되고 경제는 시들고 사회는 파괴되었고 민심은 완전히 떠났다. 문화 대혁명은 그 악의 정점에 이르렀다. 여기에 위기감을 느낀 등소평(鄧小平)은 개혁개방정책을 <통치의 정당성>을 답으로 하였으며 장쩌민 [江澤民, Chiang Tsemin]이 그 정책을 보완하는 것으로 세 가지 대표 이론을 내었다.

① 선진 생산력 발전 요구
② 선진문화 발전 요구
③ 광대한 인민의 근본이익

이 세 가지를 대표하는 것이 공산당이다.
그 결과 자본가이건 누구이건 기본적으로 사회의 모든 구성원이 당원이 될 수 있게 되었다. 공산당이 모든 사람의 당이 되었다. 그러나 계급이 아닌 전체의 이익을 대표해도 모든 사람을 만족시킬 수는 없는 것이다. 그러나 등소평 자신의 그룹에는 중심이 있어야 함을 강조한다. 1세대의 그룹이 모택동 2세대는 등소평 자신이라고 생각한다. 시대가 흐름에 따라 당과 국민 사이의 관계에 있어서 개개의 지도자의 힘이 약해졌다. 시진핑은 여기에 도전하고자 하였다. 중국의 사회구조와 관료기구가 세분화되어 중국의 지도자가 관리해야 하는 부분의 수가 갑자기 늘어난다. 둘째로 위의 명령으로 지도하기가 어렵다. 셋째로 중국 지도부는 자금 능력과 정보 같은 자원을 보다 많이 찾는 국민과 대응해야 한다. 국민은 현명해졌다. 대학 진학률이 1993년에는 5%였으나 2010년에는 25%를 넘고 일 년에 700만 명이 넘는 대학생이 나온다. 2014년에는 해외여행자가 1억 명이 넘었다. 더군다나 사회의 가치관이 흔들려 공산당의 통치가 어려워진다. 사회의 중책이 되는 가치관이 뚜렷하지도 않다.

모택동은 외적을 몰아내고 공산주의를 이루었어도 공산주의는 유물론이고 배타성이 강해 유심적인 유교뿐 아니라 전통적인 가치와도 대립하였다. 특히 그의 문화 대혁명은 중국의 전통적 가치관과 주요한 문화유산을 거의 말살해 버렸다.

등소평은 경제를 중요시하고 사회주의와 공산주의의 원리원칙을 재확인하여 공산당의 통치를 지키고 저 하였다. 그러나 사회와 가족 인간으로서의 삶을 문제로 한 전통적 가치에 대해서는 별로 언급하지 않았다. 이 문제를 다루어야 할 과제로 남아 있다. 전통적 가치관은 사회주의 이데올로기 속에 설 자리가 없었다.

중국은 그때까지 외국의 자본을 받아들여 기술을 도입하고 낮은 임금으로 값싼 제품을 만들어 그것을 세계시장에 수출하여 성장해왔다. 이 성장 모델의 열쇠는 값싼 노동력에 있었다. 농촌의 과잉 노동자가 도시의 공장에 흡수되는 지점을 지나 고도성장의 시대로 이루어졌다. 경제발전 방식의 전환에 성공해야 한다. 그래서 고임금의 노동생산력이 높은 산업의 육성을 지향한다. 산업구조의 고도화이다. 다원화하는 사회 속에서 자기주장이 강해진 국민에게 공산당은 잘 적응하기가 어렵다. 정보 사회가 실현되어 국민의 지식과 경제는 급증하고 의견도 다양해 자기주장의 방법도 찾기 어렵다. 민주화의 문제도 대두하지만 중국 공산당은 더욱더 사회주의 이데올로기에 집착하였다. 이것이 등소평이 이끌어 온 공산당이다. 다당제와 보통선거라는 형의 민주주의가 아니고 중국적 민주주의를 하는데 그것이 중국의 특색이 있는 사회주의이고 공산당의 지도이다. 이미 강한 지도자와 무지한 대중의 관계는 사라졌다. 중국 공산당이 밀고 나가는 개혁은 국민의 자기주장을 정면에서 멈추게 하기도 어렵다.

제 2 부

중국의 변화

중국은 건국 후 70년이 지났으며 공산당 일당 독재도 그 형태도 변했다. 문화 대혁명 때 까지는 중국은 자력갱생(自力更生)을 부르짖고 자기들 힘으로 나라를 일으킨다고 했다. 문화 대혁명 이후 개혁 개방론선 즉 외국자본을 받아들이려는 타력본원(他力本原)의 정반대의 길을 더듬었다. 1970년 말부터 1980년대에 걸쳐 등소평의 개혁개방은 외국의 자본을 받아들여 이와 동시에 정보도 들어왔다. 타력본원이 되면 정치선전이 다소 위력을 잃게 된다. 지금의 정권은 옛날의 모택동의 정권과는 달라 경제성장에 있어 선전만이 아니라 자기들의 정통성도 주장해야 한다. 우선 경제를 일으켜야 하는데 경제성장이 멈추게 되면 공산당도 무너지고 그는 그것이 두려웠다. 하여간 사회주의의 중국에서 자본주의의 자본이 위력을 발휘한다. 외국의 자본이 처음 노린 것은 중국의 가공생산이다. 중국의 값싼 노동자가 물건을 만들어 외국에 파는 것이다. 외국 자본이 그 모델을 세워주면 중국기업은 그것을 본 따 수출용 사업을 일으킨다. 화폐의 유통량이 늘게 되면 인플레이가 된다. 중국에서는 부와 권력이 직결된다. 권력이 있는 자가 막대한 부를 얻는 구조이다. 부자는 경제성장으로 부유해지지만 가난한 자는 부의 재분배가 이루어지지 않아 더 가난해진다. 이것이 중국의 경제성장이 가져오는 격차이다. 또한 경제성장으로 심각한 문제가 되는 것이 환경문제이다. 개혁개방 후의 중국 경제는 중세의 베네치아(7c-1797) 공화국과 닮아있다. 통상국가의 베네치아는 1000년 간 비잔틴제국, 신성로마제국, 터키 제국처럼 거대 국가로 자라났으나 경제가 몰락하자 나라도 망해버렸다. 베네치아가 몰락한 것은 지중해 무역의 대항해 무역으로 변하였기 때문이다. 30년 전쟁으로 독일이 황폐하여 베네치아의 상품을 팔 곳이 사라졌기 때문이다. 스스로의 힘으로 자신의 운명을 개척할 수 없기 때문이다. 중국에서는 모든 부가 부자 층에 집중한다. 그러나 그들은 국내에서 소비하지 않는다. 그 돈을 가지고 해외에 나가서 쓴다. 중국에서의 80%의 부유층이 중국제를 사지 않는다. 부유층은 국내 수요의 확대에 공헌하지 않고 서민은 국내 수요를 확대할 만한 소비력이 없다.

공산당의 고급 간부는 그 돈을 해외에 저장한다. 중국이 가장 중시하는 것은 사회와 정권의 안정이다. 중국인들이 한국에 와서 물건을 사는 것을 보게 되면 우리는 놀라게 된다. 중국이란 다원적 사회로 상해와 광동만 해도 인종도 언어도 다르다. 다원적 사회가 갑자기 일원화되는 것은 근본적 문제이다.

중국의 역사를 볼 때 전국시대의 한비자 (한비, 韓非子) 나 전국책 (유향, 戰國策)을 보면 철저한 인간 불신의 전략이 무성하다. 서양인이 신부를 중국에 보내서 공부할 때 2000년 전에 마키아벨

리의<군주론>을 능가하는 한비자를 읽고 놀란 것이 기록에 남아 있다. 중국에서는 왕조가 자주 바뀌고 동란이 자주 있어 군주와 백성 사이의 대립 이 막아내지 못한 역사로 남아 있다. 송나라의 과거제도가 생긴 것은 황제에게 충성심을 갖는 인간을 만들기 위한 사고였다.

과거제도에 의해 지방의 인재, 자원, 자본을 중앙으로 가져오는 중앙집권 체제이다. 그러면 지방은 점점 더 가난해진다. 관리라는 말은 중앙에서 지방으로 세금을 거두러 오는 사람을 의미한다. 시진핑 정권이 정치개혁에 메스를 넣은 것은 이 모순을 해결하기 위한 것이다

춘추전국시대에는 언론의 자유가 있어 제자백가 중심의 많은 학문이 발달하였다. 당나라 때는 귀족사회지만 황제도 절대 권력이 없었다. 유능한 귀족과 관리가 서로 견제하며 정치를 하였다. 중국에서 독재체제가 확립된 것은 송(宋)의 시대로 귀족이 몰락하고 과거시험으로 관료만이 살아남아 황제의 독재 정치를 유지하게 하였다. 송나라보다 명(明) 나라는 독재가 더 심하여 명의 태조는 재상도 겸하였다. 청(淸) 나라 시대에는 나라의 최고 결정기관으로서 황제의 군사를 다루는 군사 처 밖에 없었다. 최고 권위자의 시대가 가장 강했던 시기는 모택동 시대이다. 이전에는 황제의 권위와 권력이 분리되어 있었다. 모택동 이후 지도자는 당, 정치, 군사를 다 소유하였다.

역대 중국에 있어 황제(최고 권력자)의 선출은 장자 상속으로

장자는 덕이 있어야만 했다. 황제의 지위는 하늘이 준 것이고 황제의 덕이 쇠하면 다른 덕 있는 자가 대치하게 되어있다. 이러한 왕조 교대는 역성혁명(易姓革命)이라 부르고 정당화되었다. 그러나 실제로 덕 있는 자가 친자가 되는 일은 드물었다. 악독한 인간이 황제가 되는 수가 더 많았다. 한나라의 무제(武帝), 당 태종 등은 실로 악독한 자이다. 한 무제는 시기심이 강하고 바른말 하는 사람을 닥치는 대로 죽였는데 사마천(司馬遷)까지도 내시로 만들었다. 그 외에도 송의 태종 명의 성조는 부모까지도 죽였다. 공산당이 권력을 잡은 후에도 중국의 최고 권력자는 1대로 끝난다. 모택동이 후계자로 삼은 유소기는 문화 대혁명으로 실각하고 임표도 죽였다.

장개석(蔣介石, Chiang Kaishek)은 모택동 보다 덕을 중시하고 양명학을 연구하고 기독교를 보호하고 만사에 관대하였다. 반면 모택동은 덕이란 전혀 없고 일에 수단과 방법을 가리지 않고 인간미도 없는 독한 인간이었으나 결과적으로는 승리한 것이다. 모택동은 권력의 장자 세습을 생각하였다. 그에게는 모안영(1922-1950)이라는 아들이 있었다. 1947년 공산당에 입당하였고 1949년 중화인민공화국이 건국되자 모택동은 그를 후계자로 삼기로 했다. 1950년 한국전쟁이 터지자 중공군 총사령관 팽덕희를 스타트로 모택동은 아들을 군대로 내보냈다. 아들에게 군의 경력을 주어 일찌감치 후계자로 만들고자 한 것이다.

미국의 폭격기가 그 아들을 알아보고 집중 폭격하여 그는 형체마저도 남지 않았다. 한 발의 폭탄이 중국의 운명을 바꾼 것이다.

아들이 죽음으로써 중국에서 세습제가 통하지 않게 되었다. 이것은 매우 중요한 점이다. 그러나 모택동, 등소평, 강택민, 후진타오, 시진핑으로 그 정통성은 이어졌다. 모택동은 팽덕희에게 <군인은 얼마든지 많이 죽어도 좋지만 아들은 하나인데 왜 죽게 했느냐>고 원망하였다. 결국 팽덕회(彭德懷)는 실각하여 많은 고통 속에서 지냈다. 아들의 죽음이 모택동을 더 악하게 만들었다. 모택동이라는 나라의 창시자가 자기 아들에게 지도자의 자리를 주지 못하였으므로 이 전통이 사라지게 되었다.

각 파벌이 시진핑을 받아들인 배후에는 모두 기득 권익을 잃고 싶지 않기 때문에 모두에게 무난한 인물을 원하였기 때문이다. 시진핑의 아버지 시중훈(習仲勳)은 공산당의 고급 관리였으나 비교적 개명 파였다. 그도 문화 대혁명 때 실각하여 시진핑도 농촌에 추방당하였다. 그러나 그 가운데서도 농촌의 신뢰를 얻고 마을의 당서기가 되었다. 그는 절대로 적을 만들지 않고 끈기가 있었기 때문에 그의 성격은 만인의 호감을 샀다. 중국은 당시 혼란의 시대가 다가올 것을 예측하고 여기에 대비한 것이다. 그는 경제영역에 민감했다. 권력을 쥐게 되는 인간이 중국의 시장경제에서 일확천금을 노리는 것은 쉽게 이루어질 수 있다. 정치나 군의 길을 간 태자당의 사람들은 정권에 대한 소유의식이 강하다. 태자당의 키맨인 인민해방군의 원수였던 염건영의 아들 염선영은 한때 태자당의 정신적 지주였다. 그는 군 정보기관의 보스였다. 염선영은 태자당의 간부의 자제로부터 3000명의 인재를 뽑아서 유학시키고 그처럼 해서 만든 제자들을 각 부에 보내 간부로 길렀다. 그리고 인재를 시진핑에게 넘기려 하였다.

청나라는 만주족(여진족)으로 외국인이 만든 왕도이다. 이 청나라때 몽고나 신장, 티베트 등을 손에 넣고 시조 누리 하치로부터 6대 황제인 건융제(乾隆帝) 때 이룩한 중국의 최대 판도이다. 중국은 청나라 시대의 최 대판도를 중국의 전통적인 고유 영토라 주장하고 있다. 중국의 방법을 연구하면 어디이고 빼앗고 싶은 지역이 있으면 그 지역이 아닌 다른 지역에서 소동을 피우고 병법 36계의 제 6계로 성동격서 즉 동쪽을 치는 듯 난리를 피우고 서쪽을 치는 것이 중국 전사의 천직으로 한국전쟁에서도 수없이 경험 한 바 있다. 또 하나의 계는 제2계로 위위구조(圍魏救趙)라는 전략이 있는데 제나라의 위왕(威王)이 솜민의 헌책으로 위가 조나라를 공격하고 있을 때 위의 수도를 급습한 예이다. 중국이 이본에 대해서 섬을 요구하는 것은 남쪽 필리핀, 월남을 노린 작전이다. 일본에 대해 신경을 쓰게 하고 남쪽 섬을 빼앗고 저 하는 것이다. 또 미국이 항공모함 로날드 레강을 만들었기 때문이다. 군사전문가에 의하며 하이테크 무기로 탑재한 항공모함 레 강의 성능은 인공위성과 연결하여 10분 안에 중국 내부의 모든 핵무기를 부술 수 있다. 다만 미국군이 무엇보다 두려워하는 것은 핵을 탑재한 중국이 원자력 잠수함으로 해면 아래의 대륙간 탄도미사일의 미국 공격이다. 중국 측에서 보면 원자력 잠수함이 바닷속에서 자유롭게 발사할 수 있도록 남쪽의 해역을 지배하고 저 하는 것이다. 이는 자원의 문제가 아니고 국방의 문제이다. 동시에 오바마를 노벨평화상을 주는 것을 찬성해주어 오바마가 중국을 건드리기 어렵게 만드는 고고의 전술인데 오바마 대통령은 이 수에 넘어가게 될 수 있다.

중화사상

중화사상이란 개인 수준에서 말하면 자기중심적 사고이다. 중국인이 사과하는 것을 나는 본 적이 없다. 모두 자기네가 옳은 것이다. 자기중심적 사고방식을 밀고 나가면 가족 중심주의와 종족 중심주의가 된다. 중국인들은 혈연 의식이 매우 강하다. 구가 민족에 있어서도 자민족 중심이다. 중국인의 자기중심주의는 서양철학에서 논하는 개인주의와는 전혀 다르다. 서양의 개인주의는 신에 대한 자기라는 개인의 확립, 요컨대 개인의 독립심 지향이다. 여기서 자기 긍정과 타인에 대한 존경과 연결된다. 중국인들은 이와 달리 상대방을 무시하고 자기만 옳은 것이다.

한국의 바다를 침해하는 중국의 어선의 해적 떼는 남에 대한 배려를 하지 않는다. 미안하거나 양심적인 것은 전혀 없이 오히려 그들은 역으로 덤벼든다. 중국인들은 청조 때의 최대 판도까지 영토를 회복해야 한다고 생각한다.

중국사에서는 기원전 770년에서 진시황이 중국을 통일한 기원전 221년까지 560년 간 춘추전국시대로 공자, 노자 등 제자백가[諸子百家]의 사상이 자라는 자유의 분위기가 있었다. 진시황 때부터 황제 제도가 만들어져 황제만이 누구보다도 우수하게 되었다. 이러한 논리를 관찰한 인물이 모택동이다. 자기가 어떤 잘못을 하던 그는 그것을 절대로 인정하지 않았다. 그뿐 아니라 자기의 실책을 감추기 위해 수많은 사람을 죽였다. 그는 문화 대혁명에 의해 자기 정당화의 논리를 모든 중국인에게 심어주고 그 후부터 중국인은 자기만이 옳고 상대방은 인정하지 않는 풍토가 자리 잡는다. 중국의 오랜 역사 가운데 권위와 권력 두 가지를 처음으로 확립한 자가 모택동이다. 그러나 등소평의 개혁개방이 시작되자 그것은 순간적으로 사라지고 말았다.

중국인의 왜곡된 영토의식

시경(詩經)에 "천하가 다 왕토 아닌 곳이 없다."란 말이 있듯 지상에 있는 땅은 천명을 받은 왕의 것이라는 것은 왕토 왕 민사상(王土王民思想)이다. 중국에서는 전통적으로 영토라는 개념이 없다. 하버드대학 명예교수로 중국 전문가인 죤. 킹 페아발르는 다음과 같이 말했다.

"중국인은 돈에 얽히면 부자 형제도 서로 용서하는 일이 없고 돈과 관련된 살인사건이 많다. 중국에서는 황제를 정점으로 하는 권력구조 중 권력과 부가 결합하여 돈만 있으면 권력은 살 수 있다. 따라서 권력은 일부 인간의 사유물이 된다."

많은 국민은 공적 권력의 혜택을 받을 수가 없다. 고로 자기를 지킬 것은 돈 밖에 없다. 서양 사회에서는 권력 이외에 종교 세력도 있고 자선단체도 있다. 중국에는 그런 것은 거의 없다. 돈을 갖는 길 밖에 없다. 중국 말기에 태평천국의 난(太平天國之亂)이 종교단체처럼 알려져 있다. 그 지도자 홍수전(洪秀全)은 애인만 몇 백 명이 있어 자선사업이란 상상도 하기 어려운 단체이다. 중국인이 몹시 돈에 집착하는 것은 서민의 세계에는 돈을 모으는 일 이외에는 가족을 지킬 수가 없기 때문이다. 한국에서도 중국인이 자기 딸을 한국에 보내 결혼시키고 중국 남편을 친척이라고 속여 돈을 뜯어 가는 것을 쉽게 볼 수 있다. 소송 사건에서도 이기는 유일한 길은 재판관에게 뇌물을 주는 일이다. 돈만이 자기를 지켜준다. 모택동도 공산당의 지휘자이지만 막스나 레닌의 책은 전혀 읽지 않았다. 그가 읽은 것은 역사 속의 책략, 권모술수 관한 내용뿐이다. 중국 공산당의 역사인식이란 역사의 이용방법에 대한 연구이다.

중국에서 일어나는 일

 오늘날 많은 중국인들이 중국에서 해외로 도피하는 경향이 있다. 유학생도 많지만 경제난민, 정치난민도 매우 많다. 중국은행이 2011년에 한 조사에 의하면 중국의 부유층의 6할이 해외에 이민을 갔거나 이민의 계획 중에 있다는 것이다. 그 대부분이 투자이민이다. 캐나다만 해도 50만 달러를 지역의 개발사업에 투자하면 무조건 이민으로 받아들인다. 중국의 부유층은 유출되기 바쁘다. 1815년 나폴레옹이 센트 헤레나 섬에 유폐되어 있을 때 그 섬에 중구인 농부가 살고 있는 것을 보고 서양인이 놀랐다는 기록이 있다. 당시 나폴레옹이 중국을 잠든 사자라고 말한 것은 중국 농민의 출현에서 나온 것이다. 예전에는 가난한 사람이 중국에서 탈출하였으나 근래에 와서는 지배계급층이 탈출하는 새로운 현상이 일어나고 있다. 그들이 중국에서 권력을 쥐고 있는 동안은 본인은 탈출하지 않는다. 그 대신에 자식들과 친척을 해외에 내보낸다. 결국 본인이 위험을 느끼게 되면 마지막으로 전 재산을 가지고 미국, 영국, 캐나다 등으로 가버린다.
 중국 공산당은 왜 중국의 엘리트층의 해외도주를 저지하지 않는가 하는 이유는 밖으로 나가고 싶어 하는 자는 국내에 있으면 반란을 일으킬 수도 있어 귀찮은 존재이기 때문이다. 중국 공산당은 우리의 군사력은 막강하다는 선전으로 정권에 대한 구심력을 높이려고 한다. 2011년 11월 15일 시진핑(習近平)이 공산당 총서기로 선출되어 새 정권이 출발하였다. 그는 사람들이 상상할 수 있는 이상으로 속이 검다는 평이다.

시진핑 정권에 있어서 난국을 돌파하는 길은 2가지 밖에 없다. 하나는 정치개혁의 단행이다. 지주, 특권계급의 부패를 철저히 개혁하고 빈부의 격차 문제를 해소하고 민주화로 사는 길이다. 그럼으로써 등소평 이후의 수 십 년 동안 축적된 모든 악의 근원을 해소하여야 한다. 그것이 공산당 일당 독재를 끝내는 일이 될 것이다. 그러나 정치개혁은 시진핑의 지지층과 대립하게 된다. 그의 지지층의 많은 사람들이 강택파로 태자당이다. 요컨대 특권계급이다. 그가 개혁을 단행한다는 것은 지금까지의 지지층을 적으로 만드는 것이다.

중국에서는 1000년간 새로운 기술, 문화를 거의 창출하지 못하였다. 나침반, 화약, 종이, 인쇄기술의 4대 발명은 인류사회의 진보로 이루어진 것으로 중국 단독으로 이루어진 것은 아니다. 중국은 이 4대 발명을 인류 발전의 공으로 자랑하고 있다. 4대 발명이 중국 것이라 치더라도 11세기까지의 일이다. 중국에서 화약이 나오고 그 후 당나라 시대에는 중국인이 도고의 연단술(煉丹術)을 써 화약을 만들었다고 전해지고 있다. 그것이 군사용으로 쓰였다고 하지만 주로 폭죽이나 불꽃놀이의 연료로 주로 쓰였다. 명나라

때 중국에서 포교를 한 이탈리아 선교사 마태오 리치는 <중국 견문기> 안에서 그가 남경에서 설날 축제 때 불꽃놀이를 구경한 기록이 있다. 그날 하루에 사용한 화약의 양이 유럽에서 수년에 걸친 사용량을 능가하는 놀라운 양이라고 했다. 다이너마이트는 노벨을 생각하게 한다. 화약과 폭약은 매우 다를 것이다. 중국인이 만든 화약은 흑색화약으로 초산칼륨, 유황, 목탄을 혼합한 물리적인 것이다. 그 성능이 매우 낮다. 노벨이 발명한 화약은 황색 화약으로 초산 암모니움, 경유, 정유로 혼합한 화학적인 것이다. 용도가 매우 넓고 세계의 역사를 순간적으로 바꾸어 놓았다. 흑색화약과 황색 화약은 아무 관계가 없다. 노벨의 발명은 오늘날 노벨상이 있는 것처럼 인류의 연구에 이바지한 바 있으나 당나라 때의 화약은 그대로 사라져 버렸다.

제지기술로 말할 것 같으면 고대 중국인은 종이의 원료는 주로 목재가 아닌 식물이었으나 세계의 제지 기술은 주로 목재를 원료로 하고 있다. 목재가 아닌 식물을 원료로 한 제지기술의 역사를 말하면 중국인 이전 고대 애굽인이 고대 중동보다 1600년 전에 파피르스 지를 발명했다.

나침반은 고대 중국인이 기원전 500년에 발명하였다고 하지만 기원전 700년 고대 희랍인도 자석의 존재를 알고 활용해왔다. 소크라테스도 자석의 과학 실험을 하였다. 서양인은 공리(公理), 정리(定理)를 세워 과학적인 계산법을 행하여 왔으나 중국인은 가장 중요한 발상(發想)이 없었다. 경험을 통하여 기술을 만들어 냈으나 논리적인 사고가 태어나지 않았다. 한민족이라고 자부하는 중국인은 자기들이야말로 우수한 민족이라고 믿고 있다. 주위의 민족은 모두 야만족이라고 불렀다.

　같은 중국 안에서도 한(漢) 민족의 황제 일족은 원래 유목민으로 남방의 농경 생활에 맞지 않아 장강(長江) 유역이 기후도 좋고 음식도 맛있지만 그들은 결코 남쪽으로 가기를 원치 않았다. 그들은 황하(黃河)의 더러운 물을 마시고 황토고원의 공기를 마시면서도 중국의 수령의 위치를 유지하는데 만족하였다. 황하는 북방의 강, 장강은 남쪽의 강으로 수원지는 티베트 고원이지만 그 중간선을 그어 준하(逡河) 근처에서 북쪽과 남쪽으로 나누어지게 되었지만 결코 인위적인 구분이 아니고 계절의 변화가 전혀 다른 2개의 지역으로 그 문화와 인간의 성격도 다르다. 같은 중국이라도 북방에 자리 잡은 황제는 권위가 있고 정당하지만 남방은 천시되어 왔다. 중화민국의 수도가 남경에서 중경으로 옮겼으나 남방의 후난 성 출신의 모택동은 북방인 북경에 중화인민공화국의 수도를 두어 진짜 중국인이 된 셈이다. 중국의 거친 폭력성의 황하와 고요하게 흐르는 장강 사이에서 황하 출신이 진짜 중국인의 풍모를 지니게 된다. 중국의 황제들은 그 대부분이 북방 출신으로 지금도 그것은 변하지 않고 있다. 오늘날 각 지방의 장관은 중앙정부에서 임명 파견된 사람은 북방계가 대부분이다.

　공산당 중앙정치국 부 위원 7명 중 당의 주석 시진핑, 대의원장 장덕강, 매스컴 주관 유은산, 당의 규율 검사 주간 왕기산 등 가장 중요한 핵심에 있는 4명이 북방 출신이다. 공산당 중앙 정치국 의원은 25명이지만 북방 출신이 15명이다. 황하는 국가적 상징의 강으로 중국에서는 출신지에 따른 파벌 투쟁도 눈에 띈다. 또한 중국에 있어 외족(外族)의 침입이 북방에서 오기 때문에 강한 병력을 북방에 모으고 대규모의 농업 생산으로 인구 증가에 따른 식량 조달과 개간이 자연 생태계의 악화를 가져왔다. 큰 거목을 다 베고 농토를 만들었고 산림의 범람은 황토 고원을 만들었다. 음양오행설을 중시하는 중국인은 모든 것을 음과 양으로 나누어 나무는 양성(陽性) 돌은 음성(陰聲)으로 보고 양성을 중시하여 지나치게 목조 건물을 선호하였고 석조 건물을 혐오하였다. 중국의 거대한 건축의 자료는 주로 목재였다. 따라서 적의 침입이나 내란, 정권교체 때는 전 왕조의 궁전 수도의 성이 거의 완전히 타서 재가 되어버렸다. 그 후 새 건축을 짓기 위한 산림의 남벌이 불가피하게 되었다. 지금 황하의 문제는 매우 심각하다. 한국도 그 피해를 보고 있지만 중국인은 거기에 대한 미안한 생각은 털끝만큼도 없다. 중국의 바다까지 오염되어 한국을 중심으로 월남, 비율민의 해안을 습격하여 마구 고기잡이를 하는 중국인 이러한 중국의 유아독존의 행위가 약소국가들을 울리고 있지만 이점에 대해서도 중국인이나 정치인이나 반성의 기미는 전혀 없다.

2016년 추석에 일어난 중국인의 위조 기차표 보급 사건은 다른 나라에서는 상상조차 할 수 없는 일이다. 중국인이 새로운 문화기술을 창출하지 못한 것은 유교의 영향도 크다. 유교란 과거를 중시하는 사상이다. 조상, 과거의 의례 등의 사고 주의 때문이다. 앞서 말했듯이 오늘날 중국은 중세의 베네치아 공화국과 닮아있다. 베네치아가 붕괴한 것은 그때까지 상품을 사주던 독일이 30년 전쟁으로 쇠하여 상품을 사주지 않았기 때문이다. 현대의 중국 국내에서 혁명이 일어날 가능성은 있으나 다른 나라가 쳐들어 올리는 만무 하다. 중국 같은 큰 나라가 하나의 당을 관리하기도 무리이다. 분할되어 민주화되는 것이 세계나 중국을 위해서도 좋은 일이다. 시진핑의 정치개혁으로 중국을 바꾸어 나가기에는 평화적 중국의 분할 민주, 독립이 이루어질 때이다. 반대로 정치 개혁 없이 모험주의로 국가통일을 시도하면 혼란 속에 분할될 가능성이 높다.

미국과 중국

중국의 국가 목표는 아편전쟁 이래의 한을 풀기 위해 미국을 현재 있는 곳에서 나가게 해야 하는 것이다. 그러기 위해서는 미국과 손을 잡고 한국이나 그 밖의 일본, 동남아시아는 큰 문제시하지 않는다. 큰 나라가 중요하므로 신흥대국이라는 말에 집착한다. 미국과 대등하게 서로 존중하고 잘 지내자는 것이다. 미국이

다른 동맹국들보다는 자신들과 나란히 나아가기를 원한다. 여기에 유럽이나, 일본이 중국인들에게는 매우 비위에 거슬린다. 미국은 중국과 전쟁할 생각이 없고 중국은 해양 문제로 미국과 다툴 필요가 없다고 생각한다. 중국은 미국과 서로 대국으로 손잡고 동남아시아의 작은 나라들에 대해서는 신경을 쓰지 말자는 것이다. 그러나 한국, 북한, 일본, 필리핀, 월남, 태국... 중동의 다원 연립방정식(多元聯立方程式)이 있어 해결이 어렵다. 또 실제로는 중국은 공격력이 강화되고 미국은 바로 여기에 경계하고 있다. 그러므로 한국에 있어 참된 위협은 북한이 아니고 중국이다. 지금 북한이 전쟁을 일으키면 한미연합군에 의해 북한은 패망하게 될 것이다.

북한의 체재는 붕괴되지만 한국도 불바다가 되면 한국경제는 끝장이다. 그러므로 한국도 북한도 전쟁을 피하고자 하는 것이 본심이므로 전쟁이 일어날 가능성은 낮다고 볼 수 있다. 고로, 한국이 진심으로 두려워해야 할 나라는 북한보다도 중국이다. 한국도, 북한도 이러한 대 중국문제에 있어서는 믿을 수가 없다. 중국이 얼마나 골치 아픈 나라인가를 알아야 하며, 해결해야만 하는 것 외에는 믿을 것이 아무것도 없다. 한국이 중국에 접근하는 것처럼 보이지만 한국의 자세를 과대평가하거나 과잉반응할 필요도 없다. 미국과 중국 사이에서 잘 균형을 잡는 길 뿐이다. 2016년 북한에 의한 핵실험, 탄도미사일 발사의 목적은 미국에 김정은 체재를 붕괴시키지 말고 인정해 달라는 보증을 받기 위한 애타는 몸부림이다. 북한은 중국의 본심을 알기 때문에 미국에 애정을 표시하여 살아남기 위한 수단이다. 그런데 미국이 이를 외면하고 구애를 공갈로 받아들이고 있다. 북한은 자기사랑을 받아주지 않아 죽인다고 협박하는 격이다. 미국 본토까지 가는 장거리 미사일을 개발하고 핵폭탄을 소형화하여 미국을 칠 수 있으니 교섭해 달라는 것이다. 중국도 북한을 믿지는 않지만 그렇다고 해서 버리지도 않는다. 중국으로서는 한국과 완충지대인 북한이 매우 중요하기 때문이다. 중국은 손자병법을 아는 나라로 여러 가지 수를 볼 수 있다. 예를 들자면 한국에 39도 선까지 주고 나머지 국토를 자신들이 갖겠다고 하면 남한이나 미국은 좋아서 협상을 할지도 모른다. 그러나 살상을 알고 보면 39도 이남에는 지하자원이 거의 없지만 그 이북에는 지하자원이 무진장 많다. 이를 간파하지 못하고 한국에 땅을 조금 더 주고 북한을 중국이 갖겠다는 데에 동의하고 좋아하는 날에는 그야말로 한국은 비참해진다. 한국은 그보다도 더한 수를 써야 할 것이다. 바로 조국통일이다. 중국도, 미국도 자국의 이익을 계산하며 저울질할 뿐이지 진심으로 한국을 위해서 포기하는 일은 없을 것이다. 중국과 손을 잡고 교류할 것인가, 미국을 영원한 우방으로 받들 것인가의 선택이 아니다.

2016년 중국과 미국은 아시아재 균형 전략을 두고 거대한 갈등에 부딪히고 있다. 중국의 고고도 미사일 방어 반대의 본심은 사드 배치는 중국의 전략적 이익에 방해가 되기 때문이다. 미국이 한국에 사드를 배치하면 중국의 탄도미사일이 레이더 권역에 들어오게 되면 중국은 주한미군을 막아내는데 큰 영향을 받게 될 것을 우려하여 사드 배치를 강력하게 반대하는 것이다. 그렇게 되면 중국의 동북공정추진 소위 '동북 4성' 즉 '조선 성' 계획에 큰 차질이 생기게 되므로 극구 반대하는 것이다. 중국의 대 국가적 프로젝트인 동북공정 즉 한반도 접수 시나리오에 사드 배치는 느닷없는 장벽이 될 수밖에 없다. 중국은 사드 배치를 미국의 아시아 재 균형 추진과정으로 보고 있다. 미국은 2010년 아시아 재균형 정책을 선언하였다. 괌 앤더슨 기지의 전략폭격기 증강배치, 남중국해 핵추진 항공모함 전력증강, 동남아 국가들과의 군사협력을 강화하고 있다. 이로 인해 미국과 중국은 심한 충돌 기류로 가고 있다. 이에 중국은 한국과의 사드 문제는 물론이고 최근 미국의 아시아재 균형에 대한 대응으로 가장 먼저 동중국해의 센카쿠 열도(중국명: 댜오위다오)에 중국어선과 당국 선박을 투입해 일본을 자극했다. 네덜란드 헤이그 상설 중재재판소가 남중국해 영유권을 주장하는 중국의 주장이 부당하다고 판결했지만 태도를 바꾸지 않고 있다. 중국은 미국의 사드 배치를 패권다툼의 시작으로 보고 있다. 한, 미, 일의 미사일방어(MD)를 막기 위해 총공세를 하고 있는 것이다. 최근 신임 일본 방위상은 일본의 핵무장을 시사했다. 즉 중국의 이러한 태도는 동북아시아에 핵 도미노를 부를 수도 있다는 것이다. 일본은 "무력은 금하되 방어를 위한 최소한도의 실력은 보유해야 한다"는 일본 헌법을 언급했다. 일본은 핵폭탄 6000개를 만들 수 있는 핵연료 플루토늄 47.8t을 발전용으로 보유하고 있어 언제든지 핵을 만들 수 있는 나라이다. 그런데 최근에 북한의 미사일이 일본의 배타적 경제수역(EEZ)에 떨어졌다. 이는 북한과 중국이 일본이 핵무장을 할 수 있는 빌미를 주는 것이나 다름없다.

조 바이든 미국 부통령은 시진핑 국가 주석에게 중국이 북핵문제에 손을 놓는다면 일본이 핵무장을 할 수 있다고 공개 경고했다. 일본은 2년 후면 30년 시한을 맞는 미, 일 원자력 협정에서 벗어나면 핵 주권을 강하게 주장하고 나설 수 있다. 중국 대륙 간 탄도미사일의 미국 본토 타격 능력에 크게 제약을 받기 때문이다. 중국은 과거 패권국들이 가장 약한 고리부터 공략했던 것처럼 최근에는 약한 고리인 한국을 흔들고 있다. 1992년 한중 수교 이후 중국의 경제적 영향권에 있는 한국에 경제제재를 가하여 한, 미 동맹이 한반도의 안전과 평화 및 경제에 악영향을 미친다는 여론을 조성해 남남갈등을 부추기고 있다. 또한 시진핑은 부패와의 전쟁에서 불만을 가진 내부의 갈등을 누르고 장기집권을 노리는 내부의 불만을 외부로 돌리는 노림수이라는 의견도 나오고 있다 북한의 핵개발을 막지 못한 자신들의 책임은 회피한 채 한국에 사드 문제에 대해 압박과 반격만 하고 있다. 중국은 한국에 대한 압박으로 경제, 문화 분야에 대한 보복조치 및 북, 중 관계를 다시 혈맹관계로 돌리며 최근 시진핑이 김정은의 구두 친서를 전달받으며 우호 협력관 계임을 다짐했다. 이미 중국은 북한과 혈맹관계이다. 다시 북에 대해 대규모의 식량지원, 원유 공급 지원 등을 하고 있고 무역규모도 증가하고 있다고 한다. 또 서해 한국 방공식

별구역(KADIZ) 무력시위를 하고 있다.

또한 정치 판세에 까지 영향을 미칠 반한 조치에 관련된 발언을 하며 내정간섭을 하고 있다. 그 외에도 중국 인민일보의 한 매체는 중국이 한국 상품의 중국 진출을 금지하고 경제 왕래를 끊어야 한다는 다섯 가지 경제보복까지 주장하였다. 또 한국 제품 불매, 한국 여행 거부, 한류스타 거부 등 다방면으로 보복을 하고 있다. 한, 중 수교 24년을 앞두고 있지만 현재 한, 중 관계는 오히려 위기로 치닫고 있다. 중국은 왜 이토록 민감한 반응을 보이는 것일까. 중국은 자신들의 거대한 동북아 프로젝트를 절대로 포기하지 않을 것이다. 한반도 점령의 야심 찬 계획을 위해 북한도, 남한도 절대로 쉽게 포기하지 않을 것이다. 우리는 이러한 여러 가지 문제들의 요체를 냉철히 파악하여 외교와 안보에 더욱더 신중해야 한다.

중국의 문제들

모택동(毛泽东)이 1971년 죽자 중국은 등소평(鄧小平)하에 <개혁개방.>노선으로 바뀌어 시장경제 등을 도입하여 중국의 근대화를 밀고 나갔다. 한편 중국 공산당에 의한 일당 독재체제가 유지되어 1989년 민주화를 추구한 학생들을 무력 탄압하는 천안문사건<天安門事件>이 일어났다. 강택민의 시대가 되자 그는 미국 대통령 부시에게, 중국 공산당은 혁명정당을 버리고 국민정당이 된다고 선언한 것이다. 따라서 2001년 제15대 공산당 전국 대표(당대회)에서는 공산당원의 입당 자격이 변경되었다. 이전에는 노동자, 농민, 군인만 받아들인 공산당원에 재산가도 입당하게 된 것이다. 그때까지 노동자, 농민, 병사만이 즉 막스([Marx, Karl), 레닌(Vladimir Ilich Lenin) 주의 자 만이 허용되었던 것이다. 그것이 중국 공산당에 큰 문제가 되었다. 강택민(江澤民)의 오른팔 격인 주영강(周永康) 즉, 석유재벌의 중심인물이 사건을 일으킨 것이다. 중국에서는 원유를 수입하여 의존하였는데 그는 원유의 수입 가격을 올려서 산유국에 지불하게 하였다. 그리고 그 상승 몫을 다시 자신이 환원받았다. 그렇게 부정축재 한 돈이 4조 원이나 된다. 그의 친구의 아버지가 중국 고급간부들의 자제로 이루어진 태자당인 것을 악용한 것이다. 중국 공산당의 최고 간부인 시진핑(習近平)과 그의 아버지도 태자당의 일원이다. 그의 아버지는 초창기부터 중국 공산당을 유지하는 지주였다. 당시 시진핑은 국가의 주석이고 공산당의 총서기, 중앙군사위원회 주석, 국가안전위원회 주석 등 여러 가지 역할의 최고 자리에 군림하고 있었다. 시진핑의 개인 독재가 기반이 튼튼해지면 요직에 확실한 인간을 써서 체제를 확실하게 할 수 있지만 자기 기반이 약해 남을 쓰다 보니 이러한 부정이 자주 생기는 점을 생각지 못한 것이다. 이러한 상황을 타파하고 국민의 신임을 얻기 위해 시진핑 주석은 <사치금지령>을 내린다. 그런데 이 정책으로 사치품 억제는 이루어졌다. 그런데 그 후 추석선물을 주는<중국 과자>에 사람들이 큰 돈을 넣어주는 뇌물 교환 사건이 일어났다. 그 때문에 많은 과자회사가 도산되었다. 그 후 선물 기념품을 주는 제도가 금지되었다. 여기에 중국의 개인 소비에 변화가 생겨 상품판매의 매상이 40% 가까이 줄어들었다. 이러한 인민해방군의 활동에 대하여 시진핑은 각 군구(軍區)를 방문하여, 군인, 공산당은 절대로 나라에 충성하고 신뢰할 수 있는 사람들과 중앙군사원들과 통하도록 지시를 내렸다. 그 다음으로 중요한 문제가 있다. 그것은 공해문제이다. 미세소립자물자<P.M 2.5>에 의한 대기오염이다. <P.M 2.5>란 직경이 머리털의 40분의 1이 되는 오염물자로 단기적으로는 후두염, 비염이 생기고 장기적으로는 폐암을 일으킬 위험성이 있다.

세계보건기구(WHO)의 통계에 의하면 전 세계 환자 가운데 중국이 65%를 차지하고 더욱 더 증가하고 있다는 것이다. 2014년 3월26일에는 북경시내가 대낮에 흰 안개처럼 덮혀 있었다고 한다. 그나마 중국정부는 불안을 억제하기 위해서 실제보다 낮은 수치를 발표하기 때문에 중국인조차도 정부의 발표를 믿지 않게 되었다. 중국의 대기 오염의 피해는 확대되고 2014년 2월에는 중국 중동부를 중심으로 143만 키로의 땅이 유해 물질을 담은 안개로 덮혔다는 보고가 나왔다. 내가 파리로 갈 때 비행기가 북경을 조금만 지나면 바로 고비사막이 나오고 간다라에 갈 때도 천산남로나 북로가 사막으로 중국은 남쪽을 제하고 별로 비옥한 땅이 없다. 게다가 오랫동안 양을 번식시켜 양이 풀이나 나무뿌리까지 파먹어 자연히 사막이 늘어나고 있는 현상이다. 중국에는 14억 이상의 인구가 있지만 그 중 9억은 인간이 살 수 없는 환경에 있고 최대의 곡창지대인 길림성, 요녕성, 흑룡강성도 대기오염으로 일조시간이 줄어들어 곡물이 잘 자라지 못하고 있다. 또한 공장에서 오염 물질이 쏟아져 나와 장강(長江)에는 중금속, 화학약품이 흘러들어가 물고기도 살 수 없다고 한다. 이처럼 오염이 극심한 것은 사회주의 공산국에서는 공해를 방지하는 기업이 없기 때문이다. 이러한 중국의 심각한 문제들은 중국 뿐 아니라 세계적인 난관이라고 볼 수 있다.

그림자 은행

장성택은 엄밀하게 보면 중국과 북한 사이의 파이프였다고 하기보다도 심양군구와 북한의 파이프였다고 볼 수 있다. 그동안 북한을 실질적으로 통제 해온 것은 중국 인민해방군이 분할 통치하고 7군구 안의 심양구였다. 장성택은 심양군구의 지배로 움직여 왔으나 북한의 지배자가 심양군구에서 중국공산당 즉 시진핑 국가

주석에게 로 옮겨 왔기 때문에 일어 난 것이다. 이 사실은 장성택의 재판 영상이 TV에 방영 되면서 입증 된 것이다. 이리하여 북한을 지배하는 힘이 중국 공산당 시진핑 주석의 손으로 옮겨 간 것이다. 이것은 중국이 언제나 시진핑의 사고에 따라 북한을 포기할 수도 있다는 것을 의미하는 것이다. 북한과 중국의 대립으로 북한을 원조하느냐, 않느냐를 정하는 일은 중국 공산당의 일인데 실제로 그가 원조를 중지하려고 하면 그에 반발하여 핵무기실험도 강요한 곳이 심양군구였던 것이다. 그 때문에 중국 정부는 거기에 반대하면서 실행에 옮길 수가 없었던 것이다. 아무튼 이로 인해 북한과 중국의 교류가 급격히 줄어들었다.

여기에 열쇠가 되는 역할을 한 것이 인민해방군이 몇 년 전부터 경영한 중국의 그림자은행의 역할이다. 그림자은행은 중국의 중소기업에서 20%의 높은 이자로 돈을 빌려주는 은행 업무를 해 왔다. 그리고 융자해 줄 돈을 모으기 위해 5~10%의 신탁상품을 대량으로 발행하여 팔았다. 그러나 여기에 중소기업의 반제(返濟)가 여의치 않게 되자 이재상품(理財商品)의 상황이 불가능 해지고 말았다. 그림자은행 같은 고리대금업자가 성립된 이유는 중국의 국유은행이 민간의 중소기업에 전혀 투자를 해주지 않기 때문이다. 그 이유는 중소기업의 경영자가 은행에서 돈을 빌리고 도주해 버리는 자가 많았기 때문이다. 이재상품의 상환에 응하기 국유은행에서 자금을 융자받아야만 한다. 그러기 위해서는 그림자은행이 보통 은행으로 바뀌어야 한다. 이것을 결정하는 것은 중국 공산당이 이끄는 중앙정부이다. 이러한 점이 중국 공산당과 선양군구의 상하관계가 명확해진다. 공산당은 자기를 따르는 자 만이 구제하는 조건을 내건다. 선양군구는 이 조건을 받아들여야만 한다. 이리하여 선양군구는 중국 공산당의 지배하에 들어가고 북한에 대한 영향력이 완전히 사라지게 되며 그림자은행이 발행한 이재상품 때문에 중국 공산당과의 관계를 끊고 만다. 중국에는 3만의 그림자은행이 있고 그중에 2만 7천의 그림자은행이 이재상품의 채무불이행 경지에 놓여있다.

중국의 전략

20세기 중국에는 일괄적으로 존재하는 국민적 요구는 중국을 중심으로 한 세계질서의 확립이다. 이미 모택동 때부터 침입자를 내륙으로 끌어들여 인민의 바다 속에 다 빠트려 죽이는 <인민 전쟁론>을 내세웠다. 그는 모든 것을 희생해 가며 핵무기 개발에 돌진한 것이다. 모택동은 핵무기를 소량만 가지고 있어도 강대국에 대항할 수 있는 핵무기가 지니고 있는 의미를 정확하게 이해하고 있었다. 등소평은 군대의 건설을 포함한 국가의 건설은 경제력과 그것을 지탱하는 과학 기술의 중요성을 알고 있었다. 그 때문에

1980년대는 국방예산을 삭감하였다. 그러나 1990년 이후 국방비가 다시 증폭되어, 당시 290억 원이던, 국방비를 2000년에는 1205억 원, 2010년에는 5190억 원으로 올렸다. 중국 경제의 급속한 성장이 국방비를 증가시키고 군의 근대화에 기여하였다. 그리고 인민해방군의 임무를 확대하였다. 또한 네 가지 인민해방군의 임무를 기둥으로 삼았다.

- 공산당의 통치를 강화하기 위한 중요한 힘에 의한 보증의 제공
- 국가 발전의 전략적 기회를 확보하기 위한 강한 안전 보장의 제공
- 국가 이익 옹호를 위한 유력한 전략 지주 제공
- 세계 평화를 옹호하기 위한 공동 발전 충족을 위한 역할

인민 해방군은 국가의 군대가 아니고 공산당의 군대이다. 군에 대한 당의 우위와 당이 군을 관리하는 것은 제도적으로 확립되어 있다. 모택동도 당의 군에 대한 지도는 절대로 타협하지 않고 등소평, 강택민, 시진핑도 이점은 마찬가지이다. 그러므로 인민해방군 안에 순수한 군사에 관계하는 지위 명령 계통을 하나 더 가지고 있다. 즉 중국에는 모든 조직 속에 공산당의 조직이 있다. 인민해방군은 중국 공산당의 절대 지휘 하에 있고 그 최고 사령권과 지휘권은 중국 중앙 공산당 중앙위원회와 중앙 군사위원회에 속한다. 따라서 당이 정한 큰 방침에 그러므로 반대할 수는 없다.

3차 대전과 39도선

중국 인민해방군의 내부문건 '39도선 분할전략'에 따르면 북한이 붕괴되고 내부분열이 일어날 경우 중국 인민해방군이 서해안의 청천강에서 동해안의 용흥강까지 가로지르는 한반도 39도선까지 점령하고 그곳을 한국과의 새로운 국경선으로 정한다는 계획이다. 유엔난민고등판무관실(UNHCR)은 유사시 북한에서 발생하게 될 난민의 수를 아프가니스탄 210만 명, 이라크 150만 명, 등의 예에 비추어 적어도 200만 명 이상으로 예상하고 있다.

중국은 2003년까지만 해도 북한이 유사시 내란상태에 돌입하여 북한 난민이 밀려들면 중국 심양주재 인민해방군 사령부와 러시아 극동관구 사령부가 주축이 되어 분산 수용할 대책을 수립해두고 있었다. 그러나 동북공정이 본격화되면서 기존의 난민 대책은 전면 폐기되었다. 종전의 계획과는 정반대로 북한난민의 중국 유입은 원천 봉쇄된다. 중국은 난민들의 원천 봉쇄를 막기 위해 이중 철조망 설치작업을 끝내고 국경수비대 20만 명을 배치했다. 중국의 새로운 난민 대책은 39도선 이남으로 밀어내기이다. 난민들이 중국으로 북상하기 전에 중국 인민해방군이 전격적으로 밀고 들어가 북한 지역을 접수하고 발생하는 난민들을 한국과의 국경 쪽으로 밀어낸다는 계획이다. 그렇다면 왜 39도선인가?

첫 번째, 북한은 중국이 눈독을 들이고 있는 무진장한 광물자원의 보고로서 광물 매장량의 85%가 거의 전부 39도선 이북 지역에 분포해있다. 39도선 이남지역에는 값나가는 광물자원이 많지 않다. 두 번째, 39도선은 과거 통일신라에서 고려시대에 이르기까지 중국과 국경을 이루던 곳이다. 중국은 동북공정을 통해 이곳이 바로 한국과 중국의 본래의 국경이라고 주장하고 있다. 이 라인은 6.25전쟁 당시 미국의 트루먼 대통령이 휴전선으로 거론했던 곳이기도 하다. 중국은 바로 이곳을 새로운 한, 중 국경선으로 설정하려는 것이다. 중국은 서해안 청천강과 동해안 용흥강을 잇는 운하를 구상하고 있다. 이곳은 불과 수십km만 뚫으면 서로 관통된다. 운하가 뚫리면 중국 함대와 상선은 남단으로 우회하지 않고도 서해에서 동해로 곧바로 진출할 수 있게 된다. 그렇게 되면 중국이 파헤치는 운하에 의해 한반도는 허리가 끊어져 한국은 더 이상 반도 국가가 아닌 섬나라로 전락하게 된다. 셋째, 면피용이다. 중국이 현재의 휴전선까지 북한 영토 전체를 차지할 경우, 침략국이라는 국제 사회의 비난을 피하기 어려울 것이다. 중국은 티베트를 강제 점령할 때도 티베트 영토의 대부분을 중국에 편입시켜버리고 나머지 티베트의 일부 지역만을 자치구로 남겨두었다. 그런데도 국제 사회에서는 마치 중국이 티베트 전 지역에 자치권을 준 것으로 착각하고 있다. 넷째, 중국이 점유하는 지역의 반중 계층 주민들을 39도선이남 지역으로 밀어내 한국에 떠넘기기 위한 것이다. 북한 주민의 60%가 평양을 위시한 대도시에 거주하고 있는데, 아무나 도시에 살고 있는 것은 아니다. 정권에 충성하는 골수 핵심계층인 이른바 출신성분이 좋은 자들만이 도시에 산다. 중국은 이들 북한 골수계층이 중국의 점령 하에 놓이게 되면 반 중국 세력화 할 것을 알고 있다. 따라서 중국은 이들 북한 골수 계층을 포함하여 북한 인구의 2/3 이상을 39도선 이남으로 강제이주 시킬 계획이다. 향후 북한을 중국화 하는데 있어서 방해가 될 세력을 사전에 제거하는 조치이다. 중국은 이들 북한 골수 계층을 한국사회로 밀어 넣어 심각한 사상적 갈등과 사회분열을 유도 하는 것이다. 한국 사회가 좌익 공산 세력으로 물들어 중국과 사상적으로 닮아 가는 것이 궁극적으로 중국이 한반도를 접수하는데 도움이 되기 때문이다. 중국이 한반도 39도선까지 점령하고 그곳을 한국과의 새로운 국경선으로 하면, 중국은 북한 전체 면적의 3/4을 차지하여 북한 지하자원의 85%를 차지하고 인구 2천 4백만 중 약 800만의 노동 인력을 확보하게 된다.

한편, 한국에게는 자원이 빈약한 나머지 1/4의 국토가 남겨지고, 북한의 골수 지배 계급을 포함한 인구의 70% 즉, 1천 7백만을 떠맡아 먹여 살려야 하는 부담만 생긴다. 이와 같이 대량의 북한 난민이 유입되면 한국은 통일도 이룩하지 못한 채 통일 후유증인 GDP하락, 세금부담의 증가, 심한 경기 불황 등으로 국민 모두가 시달리게 된다. 지역 감정도 심각한 사회문제가 될 것이다.

북한에서 일어나고 있는 일(북한문서 235)

1. 구축함 파손 사건

당에 의한 지위 계통의 실태는 정치부가 쥐고 있는데 정치부는 김정은의 명령 지시로 전하며 군대에서 일어나는 일을 감시하고 김정은에게 보고한다. 여기에는 북한군의 내부에서 일어나는 수많은 사건이 상세하게 기록되어있다. 특히 주목을 끄는 것은 <정치적 신고>라는 북한의 군체제에 있어 심각한 위협이 되는 사고의 보고이다. 자료에는 탈북, 집단 사상사건, 전투 기술 관련의 기계 도난, 파손 등 중대한 사건이 계속 발생하고 있다.

대표적인 예로 서해함대에서 발생한 구축함 파손사건을 보자. 황해에서 4척의 전투함선과 2척의 보조 함선을 파손시킨 사고가 일어났다. 해군사령부 안의 정치장교도 그 역할을 다하지 못해 황해에 1척밖에 남지 않은 구축함까지 파손시켰다. (2013년 6월) 구축함을 파손시킨 책임자 정치 장교는 자살하였다. 이것은 인민군의 존망 즉 사회주의의 운명과 관련된 자활적 문제이다.

2. 양봉음위(陽奉陰違)

북한군 내부에서는 겉으로는 김정은에게 충성을 맹세하지만 비행과 집단 구타 등 온갖 비리가 끊임없이 일어나고 있다. 몇 가지 사례를 보자.

2011년 포병부대 참모인 신(申) 모 소대장은 여러 차례 주변 농장에 가 경비요원을 협박하고 대량의 벼 뭉치를 훔쳐갔다. 또 290 연대 참모 소대 초급병사는 지방 군 대원의 병사실에 있는 도구를 훔쳐 일반 사회 주민에게 팔았다. 포탄 창고 병사는 초소에서 말린 옥수수 42킬로를 훔쳐 팔았다. 한 포병대대에서는 2014년 2월 27일부터 3월 10일까지의 실사포 훈련기간에 군량미가 없어 지방 군대원을 5일 만에 철수시켰다. 정찰을 주 임무로 하는 경보병 훈련도 식량부족으로 중지하였다. 같은 연대의 기관총 중대에서는 쌀 524킬로를 도적맞아 그 후 집단 단식 훈련이라는 군대 역사에 없던 일을 시키기도 하였다. 이는 식량부족과 극한 상황을 여실히 나타내고 있는 예이기도 하다. 김정은은 군에 대해선 식량 뿐 아니라 다른 모든 물자도 자급자족하라고 명했다. 반면 김정은은 모든 군대가 주동적으로 대비하고 있다고 외치고 있다.

3. 군내부의 비리

인사평가도 문제가 많다 정치부에 있는 장교가 제대 평가를 하는데 그 기준이 긍정, 부정이 기준이 되는데 평가가 엉터리로 이루어진다. 또한 장교들의 비리도 많다.

2010년 11월과 12월 상담 기업소에서 대대 난방용으로 보관해 놓은 석탄 5톤을 대대장과 장교가 빼돌려 공용실의 난방을 할 수 없었다. 그 외에도 쌀, 고기 야채 등을 대대장이 집으로 가져가도 장교들은 긍정 평가를 받기 위해 함묵하게 된다.

김정은의 <말씀>이라는 수첩에서는 군 장성에게 병사와 고생을 같이하며 병사를 사랑하라는 미풍을 거듭 강조하고 장성들은 이를 따라 적지만 비리는 더욱더 일어나고 있다.

4. 정보문화로의 침투

2011년 9월 군관이 마약밀매와 한국 텔레비전 시청으로 처벌받았다. 마약과 한국 드라마는 북한의 체제를 붕괴하는 역할을 한다고 여긴다. 약품이 거의 없는 북한에서는 마약이 약 대신에 쓰이고, 한국 드라마는 외부정보를 유입해 폐쇄되었던 국민에게 세뇌시켜온 체제를 붕괴시키기 때문이다. 지금까지 주어진 정보만 알고 수령에게 충성을 해야 하는데 외부에서 들어온 정보로 인해 무너지는 것을 두려워하기 때문이다. 이를 감시하는 것은 <해당단위정치책임자>들이다.

제 3 부

100년 전 독일과
현재의 중국은 닮았다

몇해 전 세계 프랑스정부 수훈자(受勳者)들과 프랑스 지성인들의 모임인 아모파(AMOPA)에 참가했다. 릴르(Lille)를 중심으로 한 북 프랑스의 문화를 답사하며 5일간 서로 즐거운 교류를 갖는 모임이었다. 각 분야의 세계적 석학들이 많이 보여 그 대화만 들어도 알찬 모임이었다. 국제정세에 대해 서로 허물없이 솔직한 토론이 전개되었다. 그 토론이 나에게 큰 도움이 된 것은 프랑스와 전 세계의 인사들이 모였다는 점과 모두 오직 프랑스어로만 자유롭게 토론을 하여 서로 간에 언어에 장벽을 느끼지 않은 점, 외교적으로 이해관계에 얽매이지 않은 토론이었다는 점이 아주 행복하고 유익한 토론이 되었다.

국가의 공식대표로 참석하는 모임의 경우, 각기 자기나라의 이해관계문제가 있어 의중을 교환하는 데는 한계가 있게 마련이다. 그러나 이 모임에서는 각자가 허심탄회하게 의견을 교환하는 자리였다, 듣기만 하여도 큰 도움이 되는 모임이었다. 흥미롭게도 서구의 유명한 국제정치학자들과 경제학자들과의 대화에서 결론이 일치하는 점이 있었다.

그것은 100년 전 유럽이라는 국제정치 무대에서 독일이 구사하던 전략이 오늘날 세계의 국제정치 무대에서 중국이 구사하는 전략과 놀랄 만큼 흡사하다는 것이다. 1세기 전 독일의 강대국 정책과 현재의 중국의 강대국 정책이 매우 유사하다는 것이 프랑스와 영국 학자들의 결론이다.

유럽에서 뒤떨어졌던 독일이 유럽에서 최강국이 된 것은 비스마르크 (Otto von Bismarck, 1815~1898) 의 공적이다. 그는 1862년 프러시아(독일) 재상이 되어 당시 여러 개의 제후국으로 나뉘어 있던 독일권을 통일했다. 1864년에는 덴마크를 무찌르고 쉴레스비그(Schleswig), 홀스타인Holstein 지역을 손에 넣었다. 1866년에는 오스트리아를 물리치고 독일어권에 있어서의 프러시아의 유리한 지배권을 확립했다. 이어서 1870~71년 프랑스의 나폴레옹 3세를 굴복시키고 알자스-로렌(Alsace -Lorraine) 지역을 손에 넣었다.

1871년 비스마르크는 베르사이유(Versailles) 궁전에서 통일독일 제국 재상으로 취임했다. 당시 비스마르크가 이끄는 독일은 영국·프랑스·러시아의 3패권국에 포위된 지정학적 조건 아래 있었다. 이 3나라가 대독 포위망을 만들면 독일은 패망한다. 비스마르크는 독일이 경제력과 군사력을 축적하여 국력을 키울 때까지 이웃 여러 나라에 평화적 제스처를 써서 대독 경계심을 약화시켰다.

비스마르크가 20년 간(1870~1890) 국가 전략으로 삼은 사항을 오늘날 중국의 전략과 비교하여 보자.

- 독일은 경제력과 군사력을 강화하여, 당시 가장 강한 제국인 영국과 맞먹는 경제력과 군사력을 갖게 되었다.
- 독일 주위의 3나라가 독일의 잠재적 적국과 동맹관계를 맺지 못하게 했다. 프랑스가 전쟁에 지고 독일에 적개심을 품자, 독일은 영국과 좋은 관계를 유지하려 애썼다.

비스마르크의 뛰어난 외교란, 영국·프랑스·러시아가 식민지 획득 경쟁에 힘쓸 때 독일은 1880년 후반까지 이 경쟁에 참가하지 않고 평화적 외교자세로 국내의 경제력과 군사력 을 축적했다. 이 비스마르크의 '평화적 전략'이 현재 중국의 전략이다.

- 중국은 세계최강의 패권국인 미국에 대항할 만한 경제력과 군사력을 축적한다. 현재로서는 미국보다 약하므로 북한을 선동하여 미국과 옥신각신하게 하도록 하고 그 사이에 미국과도 우호적 관계를 유지하며 북한을 적극적으로 도와 시간을 번다.
- 중국의'평화적 외교'를 선전하고 중국의 주변국들이 포위망 만드는 것을 막는다. 독일이 영국·프랑스·러시아에 대해 쓴 정책을 중국은 일본·러시아·인도에 대해서 쓰고 있는 것이다. 국가의 뚜렷한 목표를 가지고 온갖 힘을 집중한다. 북한은 중국을 배경으로 세계의 비난을 받아도 큰소리 치고 주체성을 강조하지만, 중국의 노리개에 불과하다.

런던대학 국제정치학 교수 배리 뷰전(Barry Buzan)은 옛 독일과 현 중국의 태도가 완전히 유사한데 놀라고 있다. 1871년부터 20세기 초까지 독일의 <평화 대등>의 전략은 완전히 성공했다. 독일국민총생산이 1880년에는 영국의 1/3에 불과했으나 1900년에는 영국과 대등해지고, 마침내 15년 후에는 훨씬 앞서게 되었다. 동시에 독일의 군사력도 무섭게 강화되었다.

현재의 중국은 2020년을 미국과 대등한 강국이 되는 시점으로 삼고 있다. 그때까지는 미국과 우호관계를 유지하고 북한을 통해서는 대리권 비슷한 외교를 하고 있지만 미국과 맞설 계획은 없다.

독일은 17세기에서 19세기까지 유럽 국가들의 패권싸움의 희생자였으며, 19세기 중엽까지도 독일은 경제적으로나 문화적으로나 후진국이었다. 신교와 구교의 싸움인 30년 전쟁(1618~48) 때는 독일 인구의 1/3이 소멸되고, 18세기에도 유럽 패권싸움이 독일에서 벌어지고, 19세기 초 나폴레옹 때도 독일은 짓밟혔다. 1871년 처음으로 통일국가가 된 그들은 200년간의 유럽인 싸움의 미끼가 된 것을 후회했다.

중국 역시 독일과 너무나 유사하다. 독일은 200년 간 굴욕을 맛보았으며, 중국은 아편전쟁 이후 100년 간 많은 수모와 굴욕을 겪어 한에 맺혀있다. 본래 중국인은 자존심이 강하고 세계 4대 문명의 하나인 황하문명을 꽃피운 긍지가 있다.

중국은 항상 대국으로 행사해 왔으나 1840년 아편전쟁 이래 종이호랑이로 전락하여 20세기 초에는 열강의 반식민지화 했다.

제1·2차 아편전쟁, 독일에 의한 산동반도조차(租借), 일본의 산동반도 출병(出兵), 러시아의 신강성 점령, 청불전쟁, 청일 전쟁, 의화단(義和團)의 난 등 열강의 침략으로 불평등조약을 맺어왔다. 그리하여 강제적 시장개방, 영사재판권승인, 일방적 최혜국 대우 협정관세, 외국조계(外國租界) 등 많은 수모를 겪었다.

아편전쟁 후 영국과 프랑스에 수천만 냥의 배상금, 청일전쟁에서 일본에 준 막대한 배상금, 이어서 의화단 사건으로 중국을 식민지화하려는 외국에 선전포고하자, 영국·독일·프랑스·러시아·일본·이탈리아·오스트리아·미국 등 8개국이 공격하여 폐허화했다. 이것은 중국이 자본주의로 가는 시기가 늦고 산업혁명의 조류에 뒤떨어졌기 때문이었다. 1840년 아편전쟁에서 1949년까지의 100년간은 망국의 지속적 시대였다.

공산혁명이 성공했으나 근대화에 실패한 것도 모택동 사상이 혁명 최우선 노선이었기 때문이다. 반혁명분자숙청에 이어 호풍반당(胡風反黨)그룹이라 격하시킨 문화인 숙청, 문화대혁명 등 혼란이 계속되었다. 이미 이전 대약진운동 때 2,000만 명이 아사했고, 문화혁명 때도 200만 명이 아사했다. 10년마다 전쟁을 계속해 온 중국은 고립되고 쇄국상태에 빠졌다. 마침내 등소평이 나타나 적국을 만들지 않는 정책으로 경제 안정에 전념했다. 그는 미·소와도 관계개선하고 한국과도 1992년 수교하게 된다. 그는 일본도 방문했다. 천안문사건이래 동남아시아 나라와도 수교했다.

중국의 최근의 급속한 발전은 흑묘백묘로 표현되는 등소평이 도입한 사회주의 시장경제의 도입에서 비롯된 것이다. 소련을 모델로 도입한 이전의 계획경제는 경직된 제도로, 수요가 증가하여도 생산자 마음대로 생산량을 늘리지 못하고 국가의 계획을 따라야만 했다. 일을 열심히 하던 안 하던 급료가 평등하여 생산자도 생산의욕이 없고 생산성도 몹시 낮았다.

독일 비스마르크의 길을 걷는 중국

프러시아 재상 비스마르크는 당시 여러 개의 제후국으로 나뉘어 있던 독일권을 통일한데 이어 덴마크와 스웨덴의 일부지역을 정복하고, 프랑스 일부지역을 차지하고, 오스트리아를 포함하는 독일어권의 통합을 이루어냈다. 비스마르크는 독일이 경제력과 군사력을 축적하여 국력을 키울 때까지 주변 국가들에게 선린외교 평화정책을 구사했다. 오늘날 중국의 대외전략, 특히 대미전략은 과거 비스마르크가 구사했던 외교 전략과 너무나 닮아있다.

중국 국제 전략의 목표는 미국과의 전쟁을 피하면서 서서히 미국의 패권을 아시아에서 몰아내고 중국을 중심으로 한 아시아의 신질서를 형성하는 일이다. 중국이 현재 '평화전략'으로 실현코자 하는 외교는 다음과 같다.

- 미국정부와의 충돌은 피하고 평화 우호적 관계를 유지하며 중국에 유리한 국제경제시스템을 구축한다.
- 미국의 언론, 정치가, 학자를 대상으로 중국의 비패권주의를 선전하여 미국인을 방심케 한다. 중국의 국력신장과 군사력증대는 국제질서 유지를 위한 평화적 조치임을 선전한다.
- 일본이 자주적 핵 억제력을 갖지 못하게 한다.
- 러시아·한국·동남아국가들이 연합하여 중국을 포위하지 않도록 우호적 관계를 유지한다. 중국 주변 국가들의 연합을 막기 위해 각각의 국가들과 개별적으로 비밀협상을 통해 이익을 제공함으로써 연합 전선을 와해시키는 전략을 병행한다.

그러나 현실에 있어서 중국의 군사력과 경제력의 영향력은 해마다 막강해지고 있다. 1989년 이후 중국의 군사예산은 18년 간 연속하여 매년 13~16%씩 급상승하고 있다. 중국의 이러한 급속한 군비확장은 아시아의 군사력의 균형을 깨뜨리고, 중국이 패권국으로 군림하기 위한 것이다. 비스마르크의 독일제국이 국력신장을 보이자 주변 국가들이 긴장과 두려움의 시선으로 독일을 바라본 것과 유사하다.

오늘날 세계는 물론, 특히 아시아의 국가들은 군사적으로나 경제적으로나 거대국가로 성장한 중국을 긴장과 두려움의 시선으로 바라보고 있는 것이다. 중국에 대해 세계가 바라는 것은 바로 이러한 두려움을 해소시켜주는 일이다. 그것은 첫째, 궁극적으로 중국이 공산독재체제를 버리고 민주정치체제로 전환하는 일이다. 둘째는 신강 위구르와 티베트에 자치권을 주고 한족과 별도의 평등상호의 체제를 갖추어야 한다. 이 두 가지 문제가 해결되지 않는 한 중국은 소수민족들과의 대립투쟁의 관계를 해결할 수 없으며, 과거 독일처럼 한때는 거대국가로 갈지라도 하지만 결국에는 분열될 가능성이 많다.

유럽이 세력균형을 잃었을 때 전쟁에 휘말렸다

비스마르크 시대의 독일과 주변 유럽 국가들과의 관계는 과거 중국의 춘추전국시대의 합종(合從)전략과 연횡(蓮橫)전략의 충돌과 매우 유사한 형세였다. 신흥강국인 영국, 러시아, 프랑스, 오스트리아의 4제국이 탄탄한 협조관계를 유지하여 독일을 견제하는 동안에는 평화를 유지할 수 있었다. 그러나 독일이 합종전략, 즉 각 국과 비밀협약을 맺어 4제국의 연대를 깨뜨리면서 유럽대륙은 힘의 균형을 잃고 전쟁에 휩싸이게 되었다.

대영제국은 유럽세력균형의 추였다. 대영제국은 유럽대륙에서 세력균형을 통해 평화를 유지하는데 있어서 중요한 역할을 했다.

그러나 대영제국의 유럽정책은 수상에 따라 달라졌으므로 누가 수상이 되느냐에 따라 유럽대륙의 세력판도는 요동쳤다. 대영제국이 유럽대륙에서 세력균형정책에서 중대한 실패를 한 경우도 적지 않았다. 그 이유를 살펴보기로 하자. 이것이 현재 아시아 대륙에서 한국이 세력균형의 추와 같은 역할을 하는데 있어서 참조해야 할 중요한 점이기 때문이다.

1. 프랑스·러시아에 대한 의존심과 책임전가

1871년~1902년까지 영국정부 지도자들은 프랑스와 러시아가 신흥독일을 눌러 패권국이 되는 것을 막기를 기대했다. 당시 프랑스는 1871년(報佛戰爭, Franco-Prussian War)으로 독일과 관계가 악화되었으며, 발칸반도에서 세력확장 경쟁을 하고 있던 러시아도 독일이 오스트리아와 동맹국이라 독·러 관계가 긴장되어 있어 신흥독일이 두 강국 프랑스와 러시아 사이에 끼어 패권을 갖지 못하리라 생각했다. 그러나 비스마르크는 러시아와 비밀조약 '재보험조약'을 맺고 화해하여, 독일의 위협에 대처하기 위한 프랑스와 러시아 사이의 군사동맹은 맺지 못했다.

2. 전통적인 힘의 균형 외교는 부도덕하다는 반발

19세기 후반에 오자 영국에서는 그간 16세기 이후 영국이 구사해 온 힘에 의한 균형외교를 비판하는 소리가 높아졌다. 자유당 당수 글래드스턴 (William E. Gladstone), 재임(1868~74; 1880~85; 1886; 1892~94)은 국제협조와 국제무역 자유화로 세계는 분쟁을 해결할 수 있다고 생각했다. 1880년 총선거에서 글래드스턴은 보수당의 디즈레일리 Benjamin Disraeli, 재임 1868; 1874~1808 수상의 힘에 의한 균형외교를 공격했다. 글래드스턴은 국가 간의 선의를 믿는다하여 영국시민들의 지지를 받고 정권을 잡았다. 그러나 결국 통일독일제국의 출현으로 유럽대륙의 힘의 균형은 무너졌다. 제1차· 2차 세계대전은 독일제국을 견제하지 못하여 세력균형을 잃게 됨으로써 일어난 전쟁이다.

3. 안정된 민주국가는 적당한 타협정책을 선호

민주주의를 오래 실천한 나라에서는 외교정책에서 적당히 타협하려는 유화정책을 선호하는 경향이 있다. 한편, 민주주의 역사가 짧은 나라는 도전적 외교정책을 선호한다. 한국도 그 한 예로 호전적이고 국수주의적 언동으로 인기를 얻으려는 자들이 많다. 평화롭게 사는 국민들은 대부분 자기의 생활에만 관심을 가질 뿐, 국가의 위기를 경고하는 사람을 비웃는다. 1930년대 히틀러의 군비확장을 보고 미구에 들이닥칠 전쟁의 가능성을 지적하고 대책을 촉구하며 국민을 각성시키고자 한 처칠이나 드골은 영국과 프랑스의 언론계에서 경멸당했다. 평화라는 말은 전쟁이라는 말보다 언제나 듣기 좋은 말이지만 위험으로 치닫는 국가적 상황을 외면케 하는 마약과 같은 역할을 한 경우가 역사상 흔히 있어왔다. 국민은 평화라는 마약에 쉽사리 집단적으로 취한다. 전쟁이 시작되고 나서야 비로소 깨어난다.

- 디즈레일리 [Benjamin Disraeli, 1804~1881]

영국의 유대계 소설가이자 토리당 정치가. 최초의 정치소설 '비비언 그레이(Vivean gray)'. 재무장관을 지내고 수상이 되어 호무역주의와 제국주의적 외진출을 추진. 빅토리아 영기에 전형적 2대 정당제에 의한 회정치를 하였다. 그의 철차이름에서 앞뒤로 한 자 (d-i)씩만 빼면 이스라엘(Israel)이 된다.

- 윌리엄 글래드스턴 [William Ewart Gladstone. 1809~1898]

영국 정치가. 자유당 당수를 지냈고, 수상직을 4차례 역임. 윈스턴 처칠과 함께 가장 위대한 영국의 수상으로 여겨지고 있다. 상무장관 · 민지장관 · 재무장관 등을 역임하는 동안 자유무역을 목적으로 하는 관세개혁 단행, 곡물법 철폐 찬성 등 자유주의자로 명성을 떨쳤다.

4. 소아적 이권추구에 동맹체제 구축을 게을리 함

1871년 이후 프랑스는 프랑스의 주적(主敵)이 독일이므로 영국과 동맹을 맺어야 함에도, 중·근동, 아시아, 아프리카에서의 영국과의 식민지경쟁에 눈이 어두워 독일에 대항하는 동맹을 맺지 못했다. 비스마르크는 지정학적(地政學的) 판단에 의해 아시아와 아프리카에서의 식민지획득 경쟁에 국력을 퍼붓지 않고, 독일 국내의 경제력과 군사력 축적에 집중했다. 비스마르크의 판단은 옳았다.

5. 각 국의 이해관계를 넘어서는 협력관계를 이루지 못함

14세기 이래 러시아의 끈질긴 영토 확장주의는 동으로는 태평양 연안지역까지, 서로는 발칸반도까지 병합하고자 했다. 19세기 영국은 프랑스와 식민지 획득경쟁을 하며 러시아 제국과도 패권을 다투었다. 결국 이와 같이 영국, 러시아, 프랑스, 오스트리아의 4제국은 각자의 국익 때문에 긴밀한 협력관계를 유지하지 못했으며, 따라서 독일을 견제하는데 실패했다. 비스마르크의 외교전략에 말려든 것이었다. 결국 독일이 유럽최강의 국가가 되었으며, 향후 제1차·제2차 세계대전을 일으키게 된다.

중국, 군비증강을 통해 아시아 패권국이 되다

 중국에 있어서 군사정책이란 국가목표를 실현하는 도구이다. 중국의 국가목표는 2020년 이후 아시아 최강 패권국이 되어 과거 중국 전성시대의 세력권을 회복하는데 있다.

 중국은 1964년 원폭실험에 성공했고, 1970년에 중거리 탄도미사일을 완성했으며, 1980에는 미·소를 공격할 수 있는 대륙간탄도탄(ICBM)을 완성했다. 중국은 국방이 자국방위를 위한 것이라 하지만 중국주변에 핵무기로 중국을 공격할 나라는 없다. 중국의 군사전략에는 4가지 목표가 있다.

① 중국의 영토·영해·영공을 지킨다.
② 중국의 경제이익을 지킨다.
③ 중국의 정치적 영향력을 강화한다.
④ 아시아에서 중국의 패권을 확보한다.

 민주국가에서 군대는 국방을 위한 조직으로 민간경제와는 별도의 조직이다. 이와 달리 중국에서 군대는 민간경제와 혼합된 것으로 평시에도 내정외교(內政外交)와 경제운영에 관련되는 정치

권력을 갖는다. 중국경제가 어느 정도 자유화된 것이 사실이긴 하다. 그러나 히틀러 때의 파시스트 정권하의 독일경제도 자유화되어 있었다는 점에서 보면, 중국은 경제 역시 군사전략의 수단으로 보는 관점이 드러난다.

중국의 본격적 군비증강은 한국전쟁 당시 그 필요성을 절감하고 나서부터였다. 중국군은 한국전쟁에서 미군과 충돌하여 100만 명 이상이 죽었다. 이때부터 동아시아에서 미국을 몰아내기 위한 장기적 목적을 세우고 지속적으로 노력해왔다. 중국이 문화대혁명이라는 어리석은 소란을 벌일 때에도 중국은 군비증강을 멈추지 않았다. 중국은 2020년까지는 전쟁을 피하며 평화전략을 쓴다. 아직은 미국과 대결할 단계에 이르지 못했기 때문이다.

중국은 우선 대형 항공모함이나 전략 폭격기를 갖기 이전에 공격형 잠수함이나 순항미사일을 탑재한 잠수함 보유수를 늘이고자 한다. 중국의 지도자들도 매우 현명하다.

강택민(江澤民, Jiang Zemin,1926~) 국가주석도 연설(1999년 1월 3일)에서 다음과 같이 역설했다.

"현대의 전쟁은 하이테크전쟁으로, 미사일전쟁이며 전자전쟁이다. 이 경쟁에서 이겨야 한다."

중국정부가 발표하는 군사예산에는 핵미사일과 핵탄두의 제조비용 및 운영비용은 포함되지 않는다. 1992년에서 2006년까지 중국은 이스라엘과 러시아에서 매년 대량의 무기를 구입했지만, 그 액수도 공식 군사예산에서 제외되어있다.

중국은 미국이 수출금지하고 있는 군사기술이나 군사무기를 이스라엘을 통해 비밀리에 우회 수입해왔다. 주로 미국의 미사일, 전투기, 레이더 등에 관한 첨단군사기술이다. 여기서 중국이 군사비밀로 분류하여 공식 군사예산에 편입시키지 않는 미발표의 8가지 분야를 보면 다음과 같다.

① 인민해방군의 의식주 비용
 · 주로 군대가 경영하는 기업 그룹이 담당한다.
② 인민무장경찰부대의 비용
 · 인민해방군 정규군 230만 이외에 100만의 인민부장 경찰부대가 있다. 이 경찰부대는 소수민족이나 자유 민주주의자들을 탄압하고 빈농이나 노동자들의 폭동에 대비한 것으로, 여기에는 정규군을 쓰지 않는다.
③ 미사일 전력비용
④ 정규군과 무장경찰부대의 연금
⑤ 인민해방군의 무기제조기업의 비용
⑥ 국제무기 수입비용
 · 중국은 세계 제1의 국제무기 수입국으로 많은 국제 비밀조직이 경영한다.

⑦ 인민해방군 소유의 수천 개의 기업
- 인민해방군은 제2경제, 즉 군사경제로서 제조업, 기술 개발업, 건설업, 금융업, 무역, 통신업, 운수업 등을 소유 경영하지만 이것은 군사예산과 분리되어있다.

⑧ 우주 예산
- 우주병기를 열심히 개발하지만 이 비용 역시 군사예산에서 제외되어있다.

중국의 패권주의가 세계평화를 위협한다

그러면 중국은 어떠한가? 비스마르크의 독일처럼 패권주의로 나아갈 것인가, 평화주의로 나아갈 것인가?

중국 외교의 현실은 중국공산당이 주장하듯 평화와 우호를 중시하는 국제협력과 반 패권(反霸權)이 아니라, 그와 정 반대되는 패권주의의 길로 나아가고 있다. 이미 중국 주변의 국가들 중 중국의 패권주의로 지배나 합병 또는 침략을 단 한번이라도 겪지 않는 국가는 드물다. 육지로든 해상으로든 중국과 국경을 접하는 나라들은 중국의 패권주의에 늘 위협을 받고 있다. 다른 국제관계에서도 마찬가지이다.

세계평화는 크게 위협받고 있다. 중국외교의 실상은 철저한 현실주의 외교이다. 손자병법의 전통을 지닌 나라답게 진시황 시대 이래로 현재까지 수천 년 동안 이러한 중국의 전통적 외교 원리는 변함이 없었다. 현재는 미국이 군사적 우위에 있으므로 미국과의 충돌을 피하고 있을 뿐, 장차 미국과 대등한 힘을 갖게 되면 미국은 말할 것도 없고 주변국들과 사사건건 충돌하게 되리라는 것은 명약관화(明若觀火)한 일이다.

중국인은 머리가 뛰어나고 속임수에 능하다. 중국의 외교 전략가들은 미국의 외교 전략에 맞서 미국 주도의 국제외교질서를 중국 중심의 새로운 국제외교질서로 재편하려 할 것이다.

전 미 국무장관 키신저는 "*중국외교는 19세기 유럽의 내셔널리즘 외교와 아주 유사하고 공산주의와는 관계없다. 중국은 수천 년 간의 가혹한 역사 속에서 생존해 왔으며 인간의 선의에 기대하기보다는 현실에 밝다.*"라고 평한 바 있다.

미국은 현재 한국, 일본, 오스트레일리아와 군사동맹을 맺고 있으며, 대만을 방위하고, 태국과 싱가포르에 군사시설을 갖고 있다. 우즈베키스탄에까지 군사시설을 두고 있다. 중국은 과거 대만을 흡수하고, 인도를 공격하고, 베트남도 치고, 한국에서도 싸우고, 러시아와도 싸웠지만, 중국이 평화를 사랑하는 반 패권주의를 지향하고 아시아의 국가와 우호적인 관계를 추구하는 것처럼 선전하고 있다.

우리는 흔히 중국이라는 말을 들으면 북경, 상해, 홍콩 등을 연상하기 쉽지만 실제로 중국은 멀리 타클라마칸 사막과 타림분지의 신장 위구르 자치국까지 뻗친다. 중국의 힘은 이란, 인도북부까지 뻗치고, 중동에서 아프리카 전역에 이르기까지 중국의 영향력이 증대되고 있다. 중국은 그 규모 자체가 영향력을 행사하기에 유리하다. 중국은 유럽 30개국을 합친 것과 같다. 중국의 각 성省이 유럽의 한 나라와 대응한다.

미·중 양국은 군사력을 중시하는 세력균형정책을 추구하면서도 공식성명에서는 그것을 부정하고 있다. 중국이 핵확산 금지 조약(NPT : Nuclear Non - proliferation Treaty) 의 무기한 연장에 서명한 후 바로 새로운 핵폭탄의 개발에 착수한 것은 미국에 대항할 수 있는 핵전력을 가지고 아시아에서 중국의 패권을 확립하기 위한 것이다. 한편 일본은 패전 후의 외교가 좌익의 현실도피주의와 보수파의 미국의존주의 그룹으로 나누어지고 한국도 그러한 안이한 이상주의에 젖어있다.

중국의 전통적 문명관은 중화주의(中華主義)이다. 중국은 한번도 오랜 역사에서 다른 이웃나라와 평등한 관계를 가진 적이 없다고 키신저는 지적하고 있다. 많은 한국인이 기대하듯 중국경제가 번영하면 중국의 정치는 민주화 할 것인가?

1981~2005년의 25년 동안 중국경제는 연간 9%의 고도성장을 이루어 왔다. 그러나 25년 간 계속된 중국경제의 성장이 정치의 자유화나 민주화와는 큰 관계가 없었다. 중국의 정치는 1949년부터 현재까지 공산당에 의한 일당독재체제이다. 그동안 중국의 통

치자들은 법치주의 권력의 분립, 학문의 자유, 언론의 자유, 사법권의 독립, 기본인권의 준수를 실천하지 않았다. 만일 중국이 패권주의를 포기하고 아시아 국가들과 협력하고 세계평화를 진정으로 지키는데 앞장선다면 세계의 모범적인 이상국가가 될 수 있을 것이다.

과거에 일본이 서양열강들의 동양침략을 흉내 내어 이웃나라 한국과 중국을 시작으로 필리핀과 인도차이나 반도까지 침략을 일삼은 결과 일본은 번영이 아니 쓰라린 패전의 고통을 겪었다. 만일 일본이 자기본위의 편협함을 버리고 아시아 국가들과 협력하고 공존번영을 추구하였더라면 침략자 일본인이라는 수치스러운 오명을 쓰지는 않았을 것이다.

안중근 의사의 위대한 정신은 그가 주창(主唱)한 동양평화론 등에 잘 나타나 있듯이 비단 한국의 독립뿐 아니라 이러한 원대하고 항구적인 아시아 공동번영에 눈 뜬데 있다.

세계의 패권은 미국에서 중국으로

20세기 초에 들어 지난 100년 간 세계를 지배해왔던 대영제국의 패권이 미국으로 옮겨갔다. 1931년 7대양을 지배하던 대영제국의 금본위체제 Sterling Pound 가 무너지고 미국 달러화가 세계의 중심 기축통화가 된다. 유럽에서 미국으로 옮겨갔던 세계의 패권은 21세기에 들어 또 다시 미국에서 중국으로 옮겨가고 있다.

1978년 덩샤오핑 (鄧小平), Teng Hsiaop'ing, 1904 ~1997의 소위 흑묘백묘(黑猫白猫)로 대표되는 경제 개혁개방정책이 성공을 거두면서 중국경제는 비약적으로 성장을 거듭해왔다. 흑묘백묘는 '흑묘백묘 주노서 취시호묘 *(黑猫白猫 住老鼠 就是好猫)*'의 줄임말이다. 검은 고양이든 흰 고양이든 쥐만 잘 잡으면 된다는 뜻이다. 즉 고양이 빛깔이 어떻든 고양이는 쥐만 잘 잡으면 되듯이, 자본주의이든 공산주의이든 상관없이 중국 인민을 잘 살게 하면 그것이 제일이라는 뜻이다.

- 등소평

"No matter if it is a white cat or a black cat; as long as catches mice, it is a good cat."
-중국 개혁개방의 창시자 등소평 어록에 소개된 흑묘백묘론

한국에서는 탁상머리 행정으로 갖가지 법 조항과 규제사항으로 사업가들을 들볶고, 갖은 명목으로 세금을 신설해가면서까지 고혈을 짜내는데 혈안이 되어 있으며, 부패한 공직자들은 쥐꼬리만 한 힘만 있어도 그것을 권력이라 생각하고 그것을 이용해 뇌물을 뜯어내려 든다. 이러한 한국의 풍토에 넌더리가 난 기업들이 1990년대부터 중국, 베트남 등 외국으로 빠져나가는 대규모 탈출 러쉬를 일으켜 국내에는 심각한 일자리 공동화(空洞化) 현상이 일어났으며 지금까지도 지속되고 있다.

오히려 중국은 공산주의 국가임에도 불구하고 기업에 각종 혜택을 주며 중국 정치체제에 거스르지 않는 한 무엇을 하든 마음대로 돈을 벌어 각자 부자가 되라는 정책을 펴고 있다. 그 결과 오늘날 중국에는 한국 돈으로 1,000억 원 이상을 가진 부자들이 남한 전체인구보다 많은 6,000만 명을 넘는다.

저자가 텐진(天津)대학 교수일행과 함께 칭다오(靑島)를 돌아볼 때 한 교수가 중국은 명색만 공산주의 사회일 뿐 자본주의 국가이며, 한편(저자 방문 당시) 노무현 정권하의 한국은 무늬만 자본주의 민주국가일 뿐 사실은 반(反) 자본주의적 사회주의 국가에 가깝다는 견해를 발표하여 다소 놀란 적이 있다. 그가 제시한 데이터에 따르면 한국은 북한 다음으로 기업하기 어려운 나라이며, 수많은 한국기업들이 칭다오를 비롯한 많은 중국도시로 탈출해 와서 기업하고 있는 사실이 그것을 입증하고 있다고 말했다.

중국이 급성장한 경제력을 바탕으로 군사력을 증강하며 새로운 패권국가로 부상하자 주변 강대국들인 미국, 러시아, 일본 등과 긴장관계가 조성되었으며, 여기서 중국 위협론(China Threat) 또는 중국 공포증(Sinophobia)이 등장했다.

과거에도 중국을 경계하는 표현들이 있었다. 우선 나폴레옹의'잠자는 사자론'을 보자면, 1816년 나폴레옹이 세인트헬레나 섬에 유배 중 영국인 애머스트 경(Lord William Pit Amherst)의 방문을 받은 당시로 거슬러 올라간다. 그는 영국대사로서 청 황제를 알현하기 위해 북경에 갔을 때 삼궤구고두(三跪九叩頭) : 세 번 꿇고 아홉 번 절하는 것으로 청나라 때 시행하던 황제에 대한 경례법을 거부함으로써 중국에서 추방되었다. 그 후 그가 나폴레옹을 찾아왔는데, 이 자리에서 나폴레옹은 그에게 중국을 '잠자는 사자'로 비유하면서 "일단 깨어나면 세계를 진동시킬 것이다"라고 말했다고 한다.

황화론(黃禍論)은 청일전쟁 말기인 1895년 독일황제 빌헬름 2세가 주창한 황인종 배척 론이다. 그는 황인종이 징기스칸 이래로 유럽문명에 위협이어 왔으며, 따라서 세계 활동무대에서 몰아내지 않으며 안 된다고 주장했다. 현대에 들어 중국위협론은 1992년 중국전문가 먼로(Ross H. Munro)가 중국에 관한 글을 잇달아 발표하면서 재등장했다.

로스 먼로

그는 저서 '곧 도래할 중국과의 일전(The Coming Conflict with China), 1997' 에서 중국은 미국을 전략적 동반자가 아니라 아시아와 세계에서 패권을 잡으려는 중국의 주요 방해물로 보고 있다고 주장했다. 현재 중국이 미국에 대해 타협적 태도를 보이는 것은 미국을 제압할 힘을 다 키워낼 때까지 한 걸음 물러서는 것에 불과하다는 것이다. 또한, 미국의 아시아에서의 우선적 과제는 21세기 패권을 잡으려는 중국의 의지를 꺾는 것이어야 한다고 주장했다. 그는 시사지 폴리시 리뷰(Policy Review), 1992 (autumn issue)에 *'깨어나는 용: 아시아에서의 실질적 위험은 중국에서 온다. (Awakening Dragon: The Real Danger in Asia is from China.)'* 라는 제목의 글을 실었다. 이 글은 중국으로부터 항의를 받기도 했다.

미·소간의 냉전 해체 후, 중국이 경제군사대국으로 급부상 하자, 미국은 중국을 소련을 대신하여 세계에서 가장 위협적인 국가로 보고 전략적 경쟁자로 규정했다. 그러나 중국은 미국의 전략에 휘말리지 않고, 손자병법의 나라답게 현명한 전략으로 미국에 대응해왔다.

중국은 과거 비스마르크가 영국·프랑스·러시아의 식민지 획득경쟁에 참가하지 않고 그동안 독일 경제력과 군사력을 축적했듯이, 중국은 세계최강의 패권국인 미국에 맞서 대항하기에 앞서 경제력과 군사력을 축적하는데 우선적으로 힘쓴다.

중국의 외교노선은 1980년대 덩샤오핑의 도광양회, 1990년대 장쩌민의 대국외교, 2000년대 후진타오의 굴기외교로 크게 대표된다.

중국의 제1세대 지도자 모택동의 뒤를 이어 중국 개혁개방의 창시자 등소평이 집권함으로써 중국은 바야흐로 대약진의 시대를 맞이하게 된다. 1980년대 제2세대 지도자 덩샤오핑이 개혁·개방 정책을 추진하면서 취한 외교노선은 이른 바 도광양회(韜光養晦)라는 용어로 대표되었다.

동광양회란, 빛을 감추고 밖에 비치지 않도록 한 뒤, 어둠속에서 은밀히 힘을 기르며 참고 기다린다는 뜻으로, 약자가 모욕을 참고 견디며 힘을 갈고 닦을 때 많이 쓰는 표현이다. 중국은 미국에 맞설 수 있는 충분한 경제력이나 군사력이 생길 때까지 침묵을 지키면서 미국의 눈치를 살피고, 전술적으로도 협력하는 외교정책을 펴왔다.

1990년대 장쩌민(江澤民), Jiang Zemin을 중심으로 한 제3세대 지도부의 외교노선은 대국외교로 경제대국으로의 성장에 역점을 두었다. 그러나 세계무대에서 신흥 강대국으로 등장한 중국을 경계하여 중국 위협론이 대두되었다.

2002년 후진타오를 중심으로 중국 제4세대 지도부가 들어섰다. 2003년 후진타오는 굴기외교(崛起外交)를 새로운 외교노선으로 삼았다. 굴기외교는 중국 위협론을 완화시키는 데 일차적 목적이 있다.

굴기외교의 '굴기(崛起)'는 '산이 우뚝 솟은 모양'을 가리키는 말이다. 여기에는 대국외교의 틀을 이어받아 국제사회에서 강대국으로서의 중국의 위치에 걸맞은 행동과 책임을 다하겠다는 자주성의 의미가 숨어 있다. 미국의 일방주의에 대항하면서도 평화와 자주성을 견지하는 유연한 외교 전략이다. 보통 '굴기' 앞에

'평화적'이라는 수식어를 붙여 사용하는 까닭에 '화평굴기(和平崛起)'라고도 한다.

중국은 미국에 대항할 수 있는 힘을 키우는 동안 미국의 패권을 묵인하면서 미국과의 충돌을 피하는 전략을 쓰고 있다. 심지어 중국은 미국이 대만에 무기판매를 하고 미국으로부터 중국이 비인권국가라는 맹비난을 받는 수모를 감수하면서까지 미국과의 맞대응을 삼가고 있다. 중국은 조용히 힘을 키우며 차세대 패권을 준비하고 있다. 현재의 경제성장과 군사력 증강은 이미 아시아의 패권국가로 떠올랐으며 곧 미국과 겨룰 수 있는 초강대국으로 성장할 수 있다. 중국은 여기에 자신이 있으며 느긋하다.

미국도 중국이 그렇게 될 것으로 확신하고 있기에 중국을 더욱 견제하려는 것이다. 미국은 초조하다. 미국은 중국에 자신감을 이미 잃어가고 있다. 세계의 패권이 미국에서 중국으로 이미 넘어가고 있는 한 단면은 중국이 미국의 세계패권 유지기간을 연장시켜주고 있는 점이다.

미국의 경제는 이미 중국에 기대고 있다. 현재 미국은 중국이 미국채권을 계속 사줌으로써 현상의 달러화 기조통화체제를 겨우 유지하고 있다. 미국의 생사여탈권을 중국이 쥐고 있는 셈이다. 이 점은 매우 중대한 사항이다.

중국이 계속해서 미국의 채권을 사서 도와주어야 하느냐 마느냐에 대해 중국 정부 내에서는 두 파가 논란을 벌이고 있다. 중국 정부 내의 적극파는 소위 태자당(太子黨)으로 이들은 공산당

간부와 중국 내 갑부들이다. 한편 소극파는 소위 북경파(北京派)로 후진타오도 여기 속한다. 소극파는 미국경제의 문제를 해결을 미국 자력으로 모색해야 하다고 주장한다. 미국 민주당 의원들은 이들 소극파가 목소리를 높일 때마다 중국을 방문하여 미국에 대한 도움을 이끌어내기 위해 설득작업을 해왔다.

아프리카까지 뻗어가는 중국의 영향력

2006년 11월초 중국은 아프리카 48개국 대표를 북경에 모으고 중국-아프리카 포럼(China-Africa Forum 2006)을 개최했다. 이 회의에서 후진타오 주석은 아프리카 여러 나라에 채무의 면제를 표명하고, 인재육성 농업기술원조를 목적으로 3억 달러의 무상원조를 약속했다. 이것은 21세기의 세계적 대사건이다. 중국은 경제의 고도성장을 이루고 있지만 그 내용은 하이테크에는 이르지 못한 공업화의 단계이다. 이 공업화에는 막대한 양의 천연자원이 필요하다. 그러나 중국은 넓은 국토에도 불구하고 천연자원이 풍족하지 못하다. 중국이 아프리카를 노리는 목적은 아프리카 대륙에 풍부한 천연자원이다. 중국은 아프리카 곳곳에 광물자원 탐사대를 보내 광물자원을 개발하는 한편 기존 광산에서는 막대한 광물을 채

굴하여 헐값으로 본국으로 가져가고 있다. 이 때문에 중국이 아프리카 광물자원을 싹쓸이해간다는 비난이 일고 있다.

중국이 전 세계적으로 석유를 포함한 산업자원을 블랙홀처럼 빨아들여 원자재 값이 폭등한 사실은 누구나 다 알고 있는 내용이다. 중국은 자원을 얻기 위해 이미 수많은 기술자 노동자 군대를 보내고 있다. 그 수는 이미 50만이 넘는다. 중국은 인건비를 줄이기 위해 중국의 젊은 죄수들을 집단으로 아프리카로 보내 5만, 10만 단위의 건설현장 인력기지를 만들고 숙식시켜 가면 도로, 철도, 댐 등을 건설한다.

또 하나의 의도는 유엔에 대한 대책이다. 유엔에서는 제아무리 작은 나라도 가입만 하면 한 표를 던질 수 있다. 중국은 상임이사국으로서 중국의 이익에 반하는 일에는 거부권을 행사할 수 있으므로 아프리카의 여러 나라를 대동하고 총회에서 중국이 원하는 방향으로 이끌 수 있다. 아프리카에는 나라 수가 많아 중국의 이러한 전략은 매우 효과적이다.

중국의 저력은 노예노동의 값싼 노동력인 둔전병(屯田兵): 변경농민병 제도이다. 중국은 노예 같은 노동자들을 모아 현지의 거친 땅을 개간한다. 어느 시대나 인권이 무시되고 가혹한 환경 속에 심한 노동력으로 나라의 기초정비가 되었다.

국제회의에서 중국은 정치범 문제나 위구르와 티베트 학살사태 등의 인권문제로 늘 비난을 받고 있다. 국제정치무대에서 인권문제가 거론될 때마다 중국의 입지는 좁아질 수밖에 없다. 이러한 상황에서 중국의 원조를 받고 있는 아프리카의 국가들이 던지는 친 중국 발언과 친 중국 찬성표는 중국에게 믿을만한 방패막이 된다.

중국-아프리카 포럼 2006, 베이징

새로이 대두되는
아시아 세력균형의 필요성

　미-소 양대 축을 중심으로 대립하던 동서냉전체제가 소련의 붕괴로 종식된 이후, 동아시아에서는 미국과 중국이 갈등구조의 새로운 두 세력으로 급격히 부상했다.

　중국이 경제개혁개방정책을 추진하기 시작한 1980년대 이래로 연평균 10% 이상의 높은 경제성장을 이룩하면서 초강대국으로 발돋움하고 있다. 중국의 군사력 증대와 더불어 21세기에는 중국이 초강대국이 되어 아시아의 패권을 장악하고 세력균형을 깨뜨려 평화를 위협하게 될 것이라는 중국 위협론 혹은 중국 경계론이 확산 되었다.

　현재 동아시아에서는 중국의 군사력 팽창에 대응하며 미-일 안보동맹의 대결체제, 또는 중국, 미국, 러시아, 일본의 4강대국에 힘이 편중되어 있는 세력균형체제가 형성되어 있다. 이러한 '개국 패권+2개국 분할 패권' 또는 '4개국 분할 패권'의 세력균형체제는 아시아 지역의 안정과 평화유지에 실질적 도움이 되지 못하는 임시방편적 체제이다. 그러므로 동북아의 안정과 평화를 모색하기 위해서는 동아시아 6개국에 의한 세력균형체제가 바람직하다. 이를 위해 현재의 중국 대 미-일 안보동맹의 체제로 대결하기보다는 미국, 중국, 러시아, 일본 등 4개국의 강대국과 이해관계가 직접적으로 첨예하게 대치되는 한국, 북한의 2개국 등 모두 6개의 국가를 포괄하는 새로운 동아시아 세력균형체제가 필요하다.

군사강국 중국의 부상은 자칫 아시아 세력균형을 깨뜨릴 수 있으며, 그 경우 대규모 국제 간 전쟁으로 번질 수 있다. 그러므로 새로운 군사강국의 출연은 새로운 국제질서를 구축함으로써 군사강국의 독주나 패권에 공동 대응할 수 있는 체제를 필요로 한다. 즉, 동아시아 6개국 동맹 체제를 구축할 필요가 있다. 이러한 체제의 실현은 21세기의 분명한 시대적 요구이다.

동아시아를 중국에 일임하는 미국

"미국은 일본의 핵무장을 저지해야 한다는 중국 측의 의견에 적극 동의한다. 미국은 중국이 핵을 포함한 북한문제에 있어서 리더쉽을 가져야 한다고 믿고 있다."

- 강택민 주석과 페리 국무장관 사이의 회담2002

2002년 텍사스 크로포드(Crawford) 목장에서 부시 대통령과 강택민 주석과의 회담에 앞서 페리 미 국무장관과 강택민 사이에

회담이 있었다. 이 자리에서 페리는 북한 핵 문제를 포함한 동아시아 문제를 중국 측에 일임하는 발언을 했다. 강택민은 중국정부가 북한 미사일 문제에 대해 리더쉽을 구사할 것을 약속했다.

미 정부는 북한의 핵 개발을 절대로 용인하지 않겠다고 으름장을 놓았다. 그러나 막상 2003년 북한이 플루토늄의 증산을 시작하자 부시정권도 클린턴 때처럼 북한의 핵무기 개발문제에 대해 아무런 책임성 있는 실질적 조치도 취하지 못했다. 의식 있는 한국인이라면 누구나 국가안보를 미국에만 의지해서는 안 된다는 사실을 실감했을 것이다.

북한은 한국, 일본, 미국, 또는 중국이나 러시아까지도 공격 할 수 있는 핵과 미사일을 결코 포기할 수 없다. 오늘날 국제사회에서 핵무기를 가진 나라만이 발언권을 갖는다는 사실을 절감했기 때문이다. 그러나 한국은 그것을 이해하지 못한다. 현재 미국과 중국은 서로 다른 이유에서 일본의 핵무장에 반대하고 있다.

미국으로서는 일본이 자주적 핵 억제력을 갖지 않는 것이 미국의 국익에 유리하다. 미국은 일본에 미국의 핵우산을 제공하는 대신 전투기를 비롯한 각종 재래식 군사무기를 미국에서 대량 구입하도록 해왔다. 그러나 일본은 유사시 미국의 핵우산에만 기댈 수 없다고 생각한다. 미국이 한국에서 발을 빼면, 동아시아 주도권은 중국으로 넘어가게 되며, 이에 위기감을 느낀 일본은 즉시 핵무장에 돌입하게 된다.

일본은 핵무기의 원료가 되는 플루토늄을 다량 보유하고 있다.

일본은 단 3주일 정도면 수십 개의 핵탄두를 만들 수 있다. 현재 핵 운반체로 쓰일 미사일도 인공위성의 형태로 보유하고 있으며 대륙간탄도탄까지도 즉시 제작할 수 있다.

한국은 중국, 러시아, 일본 등 핵무장을 한 강대국들에 포위되고, 바로 앞에는 핵으로 남한을 노리는 북한과 대치하게 되는 위험한 상황에 처하게 된다. 쇠퇴기를 맞이한 미국은 국제정체무대에서 힘을 잃어가고 있다. 미국이 아시아 문제를 중국에 일임하려는 것은 중국이 믿음직해서가 아니라 미국이 더 이상 감당할 여력이 없기 때문이다. 한국이 여기에 대처하지 않으면 북한을 중국에 잃게 될 위험성이 매우 높으며, 한국의 안보마저 흔들릴 수 있다. 이것이 국제정치의 냉엄한 현실이다.

미국 민주당과 중국 공산당의 유착동맹

미국 민주당과 중국 공산당과의 유대는 유별나다. 세계 대부분의 국가에서 코카콜라와 펩시콜라가 경쟁하고 있는데 코카콜라가 압도적으로 큰 시장점유율을 차지하고 있음은 모두가 주지하는 사실이다. 그런데 유독 중국에서만은 정반대로 펩시콜라의 시장점유율이 월등히 높다. 중국시장에 먼저 진출한 것도 펩시콜라였다. 여기에는 코카콜라는 공화당을 지지하고, 펩시콜라는 민주당을 지지하여 선거자금후원을 하고 있는 배경과 관계가 있다.

여담이지만 중국에서 코카콜라와 펩시콜라는 각각 가구가락(可口可樂)과 백사가락(百事可樂)으로 불린다. 저자가 몇 년 전 천진대와 북경대 초청으로 중국을 방문했을 때 저자를 안내하던 교수가 미국 민주당과 펩시콜라 그리고 중국과의 전통적 친밀관계를 논하는 자리에서 콜라가 중국에 상륙할 당시 번역으로 고심하던 일화를 들려주었다. 중국에서 코카콜라와 펩시콜라는 원 상품명의 발음과 중국어로의 발음 및 의미 양쪽 모두를 충족시키기 위해 각각 가구가락(可口可樂), Coca Cola과 백사가락(百事可樂), Pepsi Cola으로 번역되어 쓰이고 있다. 가구가락(可口可樂)은 중국어로 커코우컬러로 발음되는데 그 뜻은 '입을 즐겁게 해 줌'이란 뜻이며, 백사가락(百事可樂)은 파이시컬러로 발음되며 그 뜻은 '만사를 즐겁게 해 줌'이란 뜻이다. 실로 그 절묘한 번역에 저자는 무릎을 치지 않을 수 없었다.

미국 민주당은 중국정부 첩자와 뿌리 깊게 연결되어 있다. 1991~1996년 클린턴 대통령부부, 고어부통령, 민주당 본주, 연방의회의 민주당의원들이 중국공산당 인민해방군의 정보공작기관으로부터 여러 차례에 걸쳐 정치자금명목으로 뇌물을 받았다. 그 액수는 수천만 달러로 추정되나 클린턴 정부의 사법관이 수사를 중단시켰다. 중국 정보공작기관은 민주당의 많은 약점을 쥐고 있었다. 중국 공산당은 그들을 매수하기 위해 홍콩, 동남아, 그리고 미국에 있는 100여 개가 넘는 기업들을 이용했다.

미국 연방수사국FBI의 조사로는 중국 스파이조직은 현재 3,000개 이상의 유령회사를 미국 안에서 운영하고 있다. 이 회사들의 주 임무는 미국정부와 미국기업에서 첨단기술과 정보를 빼내오는 것이다. 1980년 리포 그룹(Lippo Group)이라 불리는 재벌 소유의 홍콩차이나 은행의 부사장을 지낸 존 황(John Huang)이라는 인민해방군 첩자는 후에 클린턴 행정부 상무차관보 대리로 취임하여 미 중앙정보부(CIA), 국무성, 재무성의 기밀을 중국에 보내왔다.

클린턴 부부와 리포 그룹이라 불리는 재벌과의 부패유착관계는 1983년에 시작되었다. 이 무렵 클린턴 부부와 인민해방군 간첩기관과의 협조관계가 이루어졌다. 1992년 클린턴이 대통령에 출마할 때 리포 그룹의 회장 리야디(Mochter Riady)로부터 125만 달러의 뇌물 받았는데 이것은 정치자금법을 위반한 것이었다. 1996년에도 거액의 돈을 받았다. 그 돈은 중국공산당과 인민해방군의 정보기관에서 준 것으로 알려졌다.

미국은 월남전 당시 발생한 미군포로(POW; Prisoner of War)와 작전 중 행방불명자(MIA; Missing in Action)가 해결될 때까지 베트남과의 무역금지조치를 취하고 있었다. 클린턴은 리포 그룹과의 거래로 미군포로와 실종미군 문제가 해결되지도 않은 상태에서 이 무역금지조치를 해제했다.

중국은 1960년대부터 미국대학에 스파이 조직을 침투시켜 중국계 유학생들을 포섭하기 시작했는데, 이 시기에 존 황도 미국 유학 중 인민해방군첩자로 발탁되었다. 1983~1985 무렵 존 황은 클린턴 부부의 친구가 된다. 1993년 클린턴 정권이 출범하자 클린턴 부부는 존 황을 상무성의 국제경제정책담당 차관보 대리로 임명했다. 차관보 대리로 있었던 1994~1995년 기간 중, 그는 미 중앙정보부의 기밀 보고서를 볼 수 있었다. 그는 차관보 대리로서 500여 종류의 미 중앙정보부 기밀 파일에 접했다. 그는 팩스나 복사기를 쓸 때 리포 그룹의 사무실을 이용했으며 본국 중국으로서의 비밀보고서를 담은 소포도 보냈다.

그는 미 중앙정보부가 중국에 대해 파악하는 있는 정보가 무엇인지를 샅샅이 알아냈다. 그는 중국대사관을 자주 방문 했고 미국의 중국에 대한 정보는 거기서 빠져나갔다. 존 황은 1994에서 96년 사이에 백악관에 무려 94회 나갔다. 1996년 그는 민주당본부의 정치자금 담당부의장이라는 중책을 맡게 된다. 그는 중국공산당과 인민해방군의 스파이 조직으로부터 미국 민주당 정치가에게 보내는 막대한 자금을 관리하는 뇌물조직의 중심인물이 된다. 클린턴은 다음의 대통령선거를 위해 많은 정치자금을 필요로 했다. 중국은 클린턴 부부에게 뿐만 아니라 민주당 리더들에게도 자금제공을 했다. 민주당 통제 하에 있던 사법부는 아무 수사도 하지 않았다.

게다가 클린턴 부부는 인민해방군의 무기밀수상사에서도 뇌물을 받았다. 1996년 2월 클린턴은 왕 준(Wang June)이라는 무기상인을 백악관에 불러 밀담하고 뇌물을 받았다. 국방정보청 (DIA;

Defense Intelligence Agency)의 조사로는, 왕 준이 경영하는 폴리테크놀로지(Poly Technology) 무기밀수 회사는 인민해방군의 정보기관이 무기밀수를 위해 운영하는 회사였다. 미 중앙정보부와 국방정보청은 이 회사가 북한, 파키스탄, 이란에 탄도미사일 등 대량 파괴무기의 기술과 부품을 밀수출한 것을 알아냈다. 북한의 노동 미사일이나 대포동 미사일의 기술도 이 회사가 북한에 밀수출한 것으로 알려졌다.

왕 준과 비밀회담 한 것이 발각되자, 기억력이 뛰어난 빌 클린턴은 "무슨 이야기를 했는지 기억이 안 난다. 돈도 얼마 받았는지 기억이 안 난다"고 했다. 클린턴 대통령은 중국에 대량 살상무기 밀수출 행위에 대해 제재하지 않고, 대중(對中) 기술수출을 촉진하는 결정을 했다. 미국 대통령과 중국의 무기 밀수업자와 비밀 회담과 뇌물사건은 인민해방군 정보기관이 미국정부의 핵심부에 파고든 사실을 보여주는 일면이다.

한국국민들은 미국이 북한의 핵미사일로부터 한국을 지켜준다고 믿고 있다. 그러나 북한에 미사일 기술을 넘겨주는 인민 해방군 무기밀수업자로부터 뇌물을 받는 미국대통령이 과연 유사시 정말 한국을 도와 줄 것인지에 대한 의문이 난다.

클린턴 정권은 미국의 우주기술을 중국에 수출하려는 미국 기업으로부터도 많은 정치자금을 받았다. 로럴 스페이스 & 커뮤니케이션 (Loral Space & Com.) 이라는 우주기술 회사의 슈왈츠 (Bernard Schwartz) 회장은 1995~1998년까지 4년간 클린턴에게 가장 많은 헌금을 하고 1996년 대륙간탄도탄(ICBM)의 기술을 중국에 밀수출했다. 미국 대통령에 대한 최대의 개인헌금자가 중국의 핵미사일 전력강화를 도운 격이다. 미국 대통령의 안전보장 보좌관은 이 사실을 알고도 처벌하려 하지 않았다.

힐러리 클린턴의 친구인 자니 챙(Johnny Chang)이라는 간첩도 미국정계의 뇌물사건에 관여했다. 그는 백악관에 50회나 방문하고 그때마다 힐러리는 돈을 받았다. 인민해방군의 정보기관은 캘리포니아와 홍콩에 위장회사를 만들고 그를 통해 미국 민주당 정치가들에게 뇌물을 보냈다.

힐러리는 마카오 부동산업자들과 재미 중국 사업가들로부터도 수십 회에 걸쳐 백악관에서 뇌물을 받았다. 사건이 터지자 이들은 모두 중국으로 도망쳐 수사가 불가능했다. 이 정보를 알고도 연방수사국은 움직일 수 없었다.

중국은 이동식 다탄두 핵미사일을 싣는 소형 고성능핵탄두 설계 기술을 미국에서 빼내어 갔다. 1980년에는 미국의 가장 뛰어난 핵탄두 설계기술을 6종류 이상 빼냈다. 그밖에도 많은 기술정보를 빼내 갔다. 이 때문에 미국은 핵공격으로 중국의 이동식 미사일을 파괴할 수 없게 되었다.

미 국방성은 이 사실을 알고 크게 놀랐으나 클린턴 정부는 침묵을 지키고 아무런 조치도 취하지 않았다. 오히려 그것을 은폐하기에 급급했다. 여기에 항의한 미국 에너지성(省)의 모라(Elizabeth Mora) 차관을 해임시켜 버렸다.

1996년 후반에 미국 민주당의 정치가가 중국에서 뇌물 받은 것이 알려졌다. 미국 언론은 이 문제를 확대에서 않고 서둘러 마무리 지었다. 미국 언론의 90%가 민주당 지지자들이 고 클린턴의 재선을 바라고 있었기 때문이었다. 사법관도 손대지 않았다. 이 사건에 관여한 60여명의 민주당 관계자는 국외로 도망쳤다.

미국인들은 정치인들을 일컬어 정치적 동물이라고 하며, 치열한 선거전을 혼전(混戰, dogfight)이라고 냉소적으로 부른다. 정치인들에게는 개인의 이익과 선거에 당선되는 것이 국가보다도 더 중요하며, 따라서 선거에 이기기 위해서는 인간 이하의 수단과 방법을 가리지 않는다는 뜻이다.

미국을 아시아에서 몰아낼 기회를 노리는 중국

"군사력의 기반은 경제력이다. 중국의 경제력이 미국을 능가하면 중국의 군사력도 세계 제1위가 되고 미국에 대해서도 많은 굴욕을 주게 될 것이다. 중국이 아시아에서 미국의 세력을 몰아내고 아시아의 패권을 쥐는 시기는 빠르면 2013년에서 늦어도 2030년이 될 것이다."

- 미아 샤이어Meyer Shyer 교수, 시카고 대학

중국은 미국을 아시아에서 몰아낼 기회를 노린다. 중국은 경제력과 군사력을 축적하여 미국을 아시아에서 몰아내고 아시아의 패권국으로서 중국 중심의 새로운 세력판도로 재편하려 한다.

중국의 실질적 경제규모는 7세기 이후 1200년 간 세계최대의 규모이었음을 염두에 두어야 할 것이다. 이 점은 사람들이 흔히 간과하고 있다. 우수한 두뇌 또한 경제력의 중요한 부분이다. 중국의 내정이 부패된 것도 사실이지만 중국에는 우수한 인재가 매우 많다. 중국 산업단계의 이동이 어느 정도 완성되면 노동생산성 역시 비약적으로 상승할 것이다. 현재 중국 노동인구의 2/3가 농민이다. 현재 빠르게 진행되고 있는 산업화로 전체 노동인구에 대한 농민의 비율은 10% 이하로 줄게 된다. 그러면 노동인구의 대부분은 노동생산성이 매우 낮은 농업에서 생산성이 높은 제조업으로 가게 된다. 이때 중국의 노동 생산성은 비약적으로 상승하게 된다.

중국의 실질적 군사예산은 2016~2021년 사이에 세계 제1위의 규모가 되며, 미국의 관점에서는 2030년이 되면 중국이 미국을 능가할 수도 있다고 내다보고 있다. 최근 중국해군의 증강, 핵미사일과 핵탄두의 새로운 개발, 미국의 군사위성을 파괴하기 위한 미사일 레이저 병기의 개발은 중국이 앞으로 미국과 전쟁에 돌입할 가능성에 대비한 전략적 행보이다.

클린턴 정부 시절 중국이 핵탄두설계기술을 **빼내간** 사건을 조사하자 찰스 프리만(Charles W. Freeman Jr). 전 국방차관보는 중국으로부터 "미국정부는 동아시아에 있어서 중국의 군사 분쟁에 개입하지 말라."는 경고를 받았다.

아시아에서 미국을 몰아내기 위한 움직임은 중동에서도 가시화되고 있다. 미국이 이란을 견제하고 있는 현 상황에서, 중국은 이란과의 군사 및 경제관계를 긴밀화하여 2003~2004년 사이 중국과 이란 사이의 무역은 50%에 이르는 높은 비율로 증가했다.

중국은 석유자원 문제로도 미국과 맞서고 있다. 2004년 11월 중국은 향후 25년 간 이란에서 약 1,000억 달러 어치의 천연가스를 구입하는 계약을 맺었다. 중동에서 핵무기의 독점을 유지하려는 이스라엘과 미국이 제안한 이란 고립화전략은 중국의 에너지 전략과 충돌하고 있다. 중국은 유엔에서도 이란제제를 거부한다는 성명을 냈다.

미국 민주당 계통의 학자나 언론인 중에는 미·중 양 패권(覇權)의 평화공존이 가능하다는 것을 지지하는 자가 많다. 친중파인 키신저(Henry Kissinger)나 브레진스키(Zbigniew Brzezinsky)는 미국과 중국과의 세력균형이 중국에 유리하게 가고 있으며 "아시아 태평양 지역에서 미국과 중국의 패권은 평화적으로 공존할 수 있다"고 주장한다. 키신저와 브레진스키는 허영심이 강해 중국인이 다루기 쉽게 여기는 인물이다.

중국은 미국 민주당계열 인사들을 중국의 대일본 전략에도 활용하고 있는 것으로 알려져 있다. 미국이 중국에 밀려 아시아에서 차

츰 발을 떼고 있는 국제 정치의 흐름을 일본은 제대로 인식하지 못하고 있는 것 같다. 일본 자민당의 경우, 중국의 위협으로부터 일본을 보호하는 문제에 있어서 지나치게 미국에 의존하는 경향이 있다. 민주당은 좌익성향이 강하여 친 중국 성향을 보이고 있는데, 이 또한 일본의 국익 면에서 보면 바람직하지 않다.

미아 샤이어 교수는 중국이 한반도와 일본을 지배코자 하는 것은 국제정치의 자연스러운 흐름이라고까지 말하고 있다. 또한 만일 한국이나 일본이 자주적인 핵 억제력을 갖지 않고서는 사실상 중국의 군사력에 대항할 수단이 없어 중국패권의 지배에서 벗어날 수 없다고 결론을 내렸다.

한편 미국의 정치학자 헌팅턴(Samuel P. Huntington, 1927~2008)은 다음과 같이 말했다.

"중국은 핵보유국이고 미국본토를 직격할 수 있는 핵폭탄을 수백 발 가지고 있다. 중국은 40분 이내에 수천만의 미국시민을 소멸시킬 수 있는 실력을 가진 나라이다. 미국이 자국의 피해를 무릅쓰면서까지 동맹국 한국이나 일본을 지키기 위해 핵무장국인 중국과 전쟁을 하지는 않게 될 것이다. 그것은 현실적인 외교가 아니기 때문이다."

일본의 동향

일본은 평화롭고 잘사는 나라로 흔히 생각하게 된다. 분명히 그들은 전후 경제 발전도 이루고 과학에 있어서도 많은 성과를 거둔 나라이다. 그러나 일본은 패전국이라는 콤플렉스와 지구상에서 유일하게 핵무기의 피해를 입은 나라로서 일본국민의 무의식 속에는 이 비참한 경험이 어두운 그림자를 던져주고 있다. 게다가 다소 지나친 좌익사상 편향과 오랫동안 미국의 핵우산 속에서 안이하게 살아오면서 일본은 그들의 정신적 지주를 잃고 표류해왔다.

일본은 아시아에서 미국의 영향력이 갈수록 감소하고 이와 반대로 중국의 군사력이 증강되는 데에 크게 우려하고 있다. 일본의 안보에 대한 불안감이 커지고 있는 상황에서 북한이 핵탄두 장착이 가능한 미사일을 시험 발사하여 일본의 머리 위로 날려보내자 일본열도가 온통 패닉상태에 빠져들었던 것은 충분히 이해가 가고도 남는다.

일본은 중국이 북한을 방패로 써서 미국과 대결하고 있다고 생각한다. 일본은 한국과 마찬가지로 북한의 핵공격의 위협에 무방비 상태로 노출되어 있다고 생각한다. 북한이 한국뿐 아니라 일본의 주일 미군기지나 동경과 같은 대도시를 인질로 삼기 위해 핵공격을 가할 수 있기 때문이다. 북한은 일본을 겨냥해 200기 이상의 노동미사일을 실전배치 해두고 있다.

　중국은 영토 확장과 아시아 패권 장악을 위해 지난 10년 동안 군사비를 3배나 늘였다. 중국해군은 기본적으로 연안해군(沿岸海軍)이었으나 2020년까지 항공모함 함대를 만들어 대양해군(大洋海軍)이 되어 태평양, 인도양, 아프리카까지 바다를 지배하려 한다. 특히 미국의 서태평양에의 접근을 견제하려 한다. 중국은 2012년 첫 항공모함을 실전배치운용하고 2016년까지 3척을 더 건조한다는 계획이다.

중국의 항공모함

미국의 핵우산은 일본을 지키는 동시에 일본의 군사력을 억제하는 역할도 병행했다. 중국은 이제 아시아 태평양 지역에서 미국을 대신하여 아시아 국가들 위에 군림하려 한다.

　현재 중국과 일본의 군비의 지출비율은 3:1이지만 지난 20년간 중국의 군비지출은 19배나 늘고 앞으로 10년 안에 30배가 늘게 된다. 반면 일본의 방위비 예산은 매년 2%씩 감소하고 있다. 10년 계속되면 20%가 감축된다. 그러면 10년 후 중국과 일본의 군비지출 비율은 30:0.8이 된다. 미국 역시 예산부족으로 전함제조가 25%가 줄었으며 과거 5년 간 유지해온 전함 300여 척의 보유수도 앞으로 10년 간 유지하기 어려운 실정이다. 미래에는 일본의 안보를 미국에만 의존할 수 없다는 뜻이다. 이런 이유로 일본국민은 일본의 안보를 걱정하는 것이다.

　그러나 일본의 기성정치가들은 여전히 선거에 당선되는 것 이외는 관심이 없다. 결국 국민의 신임을 상실한 자민당은 선거에서 패배하였고 정치경험이 없는 사회당이 승리하기는 했으나, 이 두 당은 뚜렷한 국가비전을 보여주지 못하고 있다. 사회당은 점점 몰락의 길을 가고 있다. 일본 기존정당의 국가운영에 불안을 느낀 일본국민들이 새로운 정당을 찾는 것은 당연하다.

　이러한 시대적 요구에 부응하여 최근 일본에서는 새롭게 떠오르고 있는 행복실현당(幸福實現黨)이 일본의 새로운 희망으로 각광을 받고 있다. 기존정당의 폐단을 극복하고 일본을 혁신하려는 행복실현당은 자민당과 민주당 등 기존정당에 실망과 염증을 느낀 서민들은 물론 경제인에 이르기까지 폭넓은 지지를 받으며 수권정당으로 약진을 거듭하고 있다.

특히 오오가와 류호우(大川隆法)총재가 이끄는 이 새로운 정당의 정책에는 한국의 안보에 매우 우호적인 정강정책이 포함되어 있어 큰 관심을 갖게 한다.

일본과 한국 두 나라는 모두 북한과 중국의 군사위협에 노출되어 있어, 공동의 운명체로서 또한 동반자적 관계로서 한국의 안보를 돕는 것이 곧 일본의 안보를 돕는 것이라는 것이다.

그러므로 일본은 유사시 한국에 필요한 어떠한 형태의 지원도 아끼지 않고 적극 협력한다는 정책을 강하게 표명하고 있다. 행복실현당이 집권하면 한국과 매우 바람직한 한일관계가 전개될 것으로 확신한다. 행복실현당이 집권하여 한국과 일본이 중국과 북한의 군사력 위협에 공동 대처하여 동아시아 평화유지의 주축이 되기를 바라는 마음이 간절하다.

행복실현당의 3대 정강정책은 민생위주의 경제, 한국과 협력적 아시아 방위체제구축, 국민에게 밝은 비전제시이다. 민생위주의 경제정책의 핵심은 소비세와 상속세의 폐지이다. 현재 일본정부는 눈앞의 세 확보에만 눈이 어두워 소비세를 올린다. 그러나 소비세를 올리면 생산자는 가격을 올리고, 이는 곧 물가 상승으로 이러지고 경기침체로 이어져 결국에는 소비세는 오히려 더 걷히지 않게 되고 서민생활만 더욱 어려워져 서민들은 반정부적으로 돌아선다. 일본에 좌경세력이 많은 이유도 이것과 관련이 깊다.

관료적 머리에서 나온 아둔한 정책으로 악순환이 계속되고 있다.

　한국도 일본과 같은 상황은 아닌지 돌아보아야 할 것이다. 스위스 같은 부자나라에는 상속세가 한 푼도 없다. 상속세나 증여세가 없으므로 국민들은 필요한 돈을 마음 놓고 쓸 수 있다. 소비지출이 많아 경기가 활성화되고 생산도 활발해진다.

　미국 레이건 행정부도 이러한 감세 정책에 의해서 나라를 부유하게 했다. 미국이 감세정책을 써서 호경기를 구가하는 동안 일본에서는 세금을 올려 경기침체로 이끌어 결국 다음 선거 때 자민당이 참패했다.

　일본 국민들은 각종 연금명목으로 뜯기는 돈이 많아 시달리고 있다. 정부는 돈을 더 뜯어내기 위해 별별 종목의 새로운 연금을 만들어내기까지 한다. 어떤 사람들은 연금이 아니라 연금세라고 비아냥거린다. 현재 일본의 경우 연금 혜택자를 부양하기 위해 일하는 사람이 부담해야 하는 연금액수는 해마다 늘어나고 있다.

　지난 1950년에는 10명의 근로자가 연금 혜택자 1명을 부양하던 것이 2009년에는 3명의 근로자가 연금 혜택자 1명을 부양해야 하게 되었다. 불과 몇 년 뒤인 2015년에는 2명의 근로자가 연금 혜택자 1명을 부양해야 한다. 2055년에는 근로자 1명이 연금 혜택자 1명을 부양해야 하는 기막힌 상황이 된다. 그 전에 연금기금이 바닥나는 문제는 차치하더라도 그렇다.

제 4 부

중국은 왜 핵무기를 개발하였는가?

중국은 한국전쟁 직후 자주적으로 핵 억제력을 구축하는 일에 힘써왔다. 맥아더 연합군사령관이 중국 만주지역에 핵공격할 것을 제창한데서 큰 충격을 받았기 때문이었다. 중국이 핵무기 개발을 한 이유는 다음과 같다.

① 미국과 소련이 핵무장으로 패권국가가 되자 중국 역시 자주적 핵 억제력 없이는 자주독립이 없다고 생각했다. 실제로 오늘날 국제사회에서 핵 억제력이 없는 나라는 참된 독립국으로 기능할 수 없으며 발언권도 제대로 행사할 수 없는 것이 현실이다.
② 1958년 이래 소련은 중국의 핵무기 개발에 반대했으며, 소련이 중국의 핵우산이 되어 주겠다고 제안했다. 그러나 중국은 소련이 중국을 돕기 위해 미국과 싸운다는 것은 거짓이라고 생각했다. 소련의 속셈은 핵무기를 독점함으로써 중국을 소련에 종속시키려는 것이었다.
③ 핵은 가장 저렴하면서도 효과적인 무기이다. 당시 가난한 중국은 다른 무기로는 100억불을 들여 개발해도 미국과 소련에 대결할 수 없으나 같은 액수의 돈을 핵 제조에 투자하면 미국

과 소련의 공격을 억제할 수 있다.
④ 모택동과 주은래 등 당 지도부는 핵보유국만이 국제사회에서 실질적인 발언권을 가질 수 있다는 사실을 통감했기 때문이다.

영국이 핵 개발에 힘쓰는 이유는?

1990년 초 대처 전 영국수상은 퇴임 직후 미국 워싱턴에서 외교정책연설을 했다. 대처 수상이 강조해 온 지론인 핵무기 유효설은 한국 핵 정책의 진로를 대변해주고 있는 것 같다. 한 기자가 냉전도 끝나고 소련도 붕괴하여 적도 없어졌는데, 영국이 그토록 많은 액수의 국방예산을 핵 체제정비에 쏟아 붓는 이유가 무엇이냐고 영국을 비판하여 질문했다. 대처 전 수상은 영국이 평화시임에도 불구하고 핵 억제 시스템 정비에 노력을 기울이는 이유로 3가지를 들었다.

1. 핵무기는 아주 강력한 전쟁억제 효과가 있다

1949~1991년의 냉전기에 미·소가 군사충돌을 하지 않은 것은 핵무기 덕분이다. 핵 파괴력이 너무나 커서 미·소는 군사충돌을

피하고 위성국가를 통한 재래식 무기에 의한 대리전쟁 또는 국지전으로 끝났다.

2. 핵무기는 최소의 비용으로 최대의 전쟁억제효과를 낸다

영국은 작은 나라로서 한정되어 있는 국방예산으로 최대한의 전쟁억제력 효과를 얻기 위해서는 재래식 무기보다 핵무기에 투자하는 것이 효율적이다.

3. 현재의 국제사회는 핵무기를 가진 나라가 지배한다

이것이 핵보유국이자 선진강대국들의 핵에 대한 인식이다. 또한 이것이 핵을 갖지 못한 국가들이 핵을 보유하려고 집착하는 이유이다.

그들의 말은 우리가 생존을 위해 깊이 새겨들어야 할 점들을 너무나 솔직하고 극명하게 시사하고 있다.

누가 한국의
핵 개발을 가로막는가?

　제2차 세계대전 종전 후 아직 프랑스가 유럽에서 미국의 핵우산 아래 있을 때 프랑스가 핵 개발을 시작하자 미국으로부터 중지하라는 압력을 받았다. 프랑스의 드골 대통령은 미국의 케네디 대통령과 토론하는 자리에서 미국의 핵우산정책이 핵보유국 위주의 기만에 찬 정책이며 핵우산정책에 드는 국방정책이 갖는 위험성을 논박했다.

　프랑스는 처음부터 핵 주권(nuclear sovereignty); 독자적인 개발을 통해 핵 능력을 보유해야 한다는 것으로, 핵에너지의 보유 및 농축, 재처리 시설에 관한 권리를 갖는 것을 강력히 주장했다. 프랑스는 결국 독자적으로 핵 개발에 나서 성공하여 프랑스의 자존과 위상을 높였다. 냉전시대에 전 유럽이 미국의 절대적 영향력 하에 놓여있을 때도 유일하게 제 목소리를 낼 수 있었던 나라는 프랑스뿐이었다.

　드골 대통령은 과연 혜안(慧眼)을 가지고 있었다. 그는 미국 핵우산 정책의 위험성을 정확히 예측하고 있었다. 핵우산을 제공한다던 미국이 지출비용을 줄이기 위해 해외주둔 미군을 철수시키기 시작한 것이다. 미국의 핵우산 정책만 철석같이 믿고 있던 자유진영의 많은 국가들이 불안에 떨게 되었는데, 그 대표적 국가가 바로 대한민국이었다.

한국으로 하여금 핵무기 개발에 나서도록 한 원인제공자는 미국이었다. 역설적이게도 한국의 핵 개발을 온갖 방해공작으로 좌절시킨 것도 미국이었다. 한국의 핵 개발 추진은 미국의 주한미군 철수정책에서 연유했다.

남북 간 군사적 긴장상태가 극으로 치닫던 1969년 미국 닉슨 행정부는 괌 독트린(Guam Doctrine, or Nixon Doctrine)을 발표하고 주한미군 철수 움직임을 본격화했다. 닉슨 독트린은 미국 닉슨 대통령이 1969년 7월 25일 괌에서 밝힌 아시아에 대한 외교정책으로, 그 골자는 미국은 자국의 과중한 군사적 부담을 피하기 위해 아시아에 개입하는 것을 최소화할 것이며, 따라서 아시아 각 국은 아시아 문제를 스스로 떠맡아 서로 협력하여 해결하라는 내용이다. 닉슨 독트린으로 직격탄을 맞은 두 나라는 분단 상태로 적과 대치하고 있던 베트남과 한국이었다. 1971년 3월 한국에 주둔해오던 미 지상군 7사단이 철수했다. 이에 따라 2사단만 남게 되었다. 베트남은 미군이 1973년 1월 27일 철수한 지 2년 뒤, 1975년 4월 30일 월맹군에 무너져 공산화되었으며 1,000만 명 이상의 월남국민들이 처형되었다.

공산군은 일명 재교육센터 라고 불리는 수용소에서 기독교인을 먼저 처형했다. 우선 미국의 스파이로 몰아 매질한 다음 굶어죽을 때까지 묶어두었다.

한국 역시 카터(Jimmy Carter; 미 39대 대통령; 재임 1977~1981)가 대통령으로 당선되자 공산화 될 위기에 처하게 된다. 그는 선거 공약으로 국방비감축을 위한 주한미군 철수를 들고 나왔었다. 저 미 하원의장 오닐(Michael O' neal)의 평에 따르면, 카터는 미국 역대 대통령 중 가장 국제정세에 어둡고 아둔한데다 전도사 노릇과 대통령 직분을 구분하지 못한 인물이었다.

한국전이 일어나게 된 가장 큰 원인은 주한미군 철수에 있었다. 그런데 카터의 주한미군 철군방침에 의해 한반도는 제2의 6.25사변에 전화(戰禍)를 겪게 될 위기에 처하게 되었다. 카터는 전 주한 미 대사 하비브(Philip C. Habib), 주한 미 대사 역임 1971-1974를 박대통령에게 보내 철군일정을 설명하게 했다. 그 내용은 1978년 말까지 1개 여단 6,000명을 철수시키고, 1980년 6월 말까지 추가로 1개 여단과 지원 병력 9,000명을 철수시키며, 철군완료 시 한국에 있는 핵무기도 모두 다 가지고 나간다는 것이었다.

이 내막은 워싱턴 포스트 저널리스트 출신으로 미국의 대표적 한반도 전문가인 돈 오버도퍼 Don Oberdorfer의 저서《두개의 한국 The Two oreas: A Contemporary History, 1997》에도 잘 설명되어 있다. 그의 이 저서는 미 정부 한국담당 관료들의 필독서로 꼽히고 있다.

돈 오버도퍼

카터 대통령은 소위 인권외교 운운하며 어설픈 정책으로 주한 미군철수를 들먹여 북한 김일성의 가슴을 설레게 했다. 김일성은 6.25에 이어 다시금 남침할 절호의 기회가 왔다는 생각에 너무 기뻐 밤잠을 설쳤다고 한다. 미국 카터 행정부가 주한미군을 완전히 철수시킨다는 정책을 추진하자, 당시 한국국민 사이에서는 안보에 대한 불안감이 팽패 하였으며 이민 가려는 부유층 사람들이 줄을 이었다. 1979년 6월 29일 카터는 한미정상회담을 위해 서울에 왔다. 그는 주한미군 철수라는 카드로 한국의 인권문제를 들어 유신정권을 압박했다. 그는 영접 나와 김포지역 안개로 비행기가 연착되어 두 시간이나 기다린 박대통령과 악수만 한 채, 곧 바로 미군헬기를 타고 동두천 미2사단의 캠프 케이지(camp casey) 기지 내 숙소로 떠나버렸다. 박대통령에게 모욕을 주는 행위이자 동시에 주권국 한국과 한국국민을 무시하는 외교상 결례를 한 것이다. 카터는 다음날 아침 반바지 차림으로 미군장병들과 조깅을 했다. 카터의 이러한 행동은 모든 활동에 앞서 방문국 대통령을 먼저 예방해야 하는 외교절차를 무시한 무례한 행위였다. 존슨(Lyndon B. Johnson), 제36대 재임 1963-69 대통령 방한 때는 존슨을 흉내 내어 커티 삭(Cutty Sark)이라는 양주가 유행하더니 이번에는 일부 쓸개 빠진 한국 정치인들이 카터를 흉내 내어 조깅을 하기 시작했다. 6월 30일 환영만찬에서 박대통령은 주한미군 철수가 한국과 동아시아 안보에 얼마나 위험한 계획인지 그 부당성에 대해 카터를 설득하려고 애썼다. 카터는 자신의 주한미군 철군정책을 질책하는 듯 가르치는 듯한 박대통령의 만찬연설에 자존심이 상했다.

여의도 시민환영대회 이후 오픈카에 탑승하여 육해공군의장대를 사열하는 양국정상 (1979. 6. 30)

박대통령이 장장 45분간에 걸쳐 긴 만찬사를 읽는 동안 그는 화를 참느라 눈을 지그시 감고 있었다. 카터의 벌겋게 달아오른 얼굴은 지금도 저자의 눈에 생생하다. 환영만찬 답사(答辭)에서 카터는 인권을 들먹여가며 유신정권을 비난했다. 한미정상회담 자리의 분위기는 냉랭했으며 두 정상 간에는 극도의 반감과 긴장감이 뒤섞여 감돌았다.

1981년 재선에서 레이건에게 패배한 카터는 심한 우울증에 시달렸다. 그가 찾은 돌파구는 국제 로비스트로 활동하는 것이었다. 그는 자진해서 김일성을 만나러 갔으며, 김일성은 주 한미군 철수계획으로 자신을 기쁘게 해 주었던 카터에게 극진한 대접을 아끼지 않았다. 특히 김일성은 신병을 앓고 있던 카터에게 영약 산삼을 여러 상자씩 아끼지 않고 주어 건강을 회복하게 되자 카터와 김일성과의 친교는 더욱 깊어지게 되었다. 카터는 북한 김일성과 밀착 관계를 유지하며 동맹국인 대한민국보다는 김일성 정권을 적극 도와주는 이상한 행보를 계속 했다.

1994년 6월 14일 클린턴 대통령이 북핵 저지를 위해 영변 원자로를 폭격하려는 '오시라크 옵션(Osirak) 1981년 이스라엘이 공습하여 파괴한 이라크의 원전시설'이라고 불린 회의를 개최 하자 카터는 즉각 김일성에게 달려가서 위급함을 알려주고, 클린턴에게 전화하여 폭격을 막았다. 그는 김일성의 로비스트 역할을 하는 친북 정치인이라는 혹평을 들었다.

박대통령에게는 인권문제와 민주화를 요구하던 그가 김일성을 만났을 때는 북한주민들이 처한 비참한 상황을 알면서도 북한의 인권사항에 대해서는 단 한마디 언급도 하지 않았다. 박정희에 대한 증오 때문에 그는 한국국민 전체가 위험에 빠져도 자신의 알 바가 아니라고 보좌관에게 말한 적도 있었다. 그는 병적으로 북한 김일성 정권을 좋아했다. 그는 미국 언론과 자서전에서 김일성이 자신을 만나준 것을 자랑했다.

김일성을 만나 기뻐하는 카터. 1994년 6월 유람선상에서

당시 한국 박대통령은 주한미군의 철수가 현실로 닥치고 북한의 위협 앞에서 더 이상 미국의 핵우산을 믿을 수 없게 되자, 국민의 생존과 국가 안보를 위한 자구책으로 핵 개발을 결심하게 된다. 한국정부는 국내외에서 2백여 명의 고급두뇌를 유치하여 대덕연구단지에서 기술개발에 투입했다. 국방과학연구소, 과학원,

원자력연구소 등을 중심으로 추진된 핵 개발 계획은 우선 일본 나가사키에 투하 된 원폭수준인 20kt 규모의 플루토늄 핵폭탄을 개발하는 것이었다. 핵탄두의 운반수단인 미사일의 개발은 한국의 국방과학연구소(ADD, Agency for Defence Development) 중심으로, 핵연료 개발은 핵 개발공단과 동력자원연구소들이 주도했다. 미사일의 동력인 추진제 제조도 미국의 방해로 벽에 부딪히자(睦榮一),《예수의 마지막 오딧세이》의 저자 박사가 프랑스에서 추진제 제조시설 및 기술이전을 교섭했다. 미사일 추진제는 미사일 사정거리를 결정짓는 가장 중요한 부분이다. 한국 미사일의 개척자라고 불리는 목영일 박사가 이끄는 연구팀의 헌신적 노력으로 마침내 우리 힘으로 추진제 개발을 이루어 냈다.

1974년 미국의 나이키(Nike Hercules) 미사일을 모델로 역설계 방식으로 미사일 개발에 착수하여 미국의 온갖 방해를 받았지만 결국 1978년 9월 26일 서해에서 최초의 한국형 지대지 중거리 미사일 백곰의 시험발사에 성공했다. 한국의 기술수준으로는 단거리 미사일조차 만들 수 없을 것이라고 과소평가하고 있었던 미국은 한국의 기술수준에 놀라 미사일 개발에 급제동을 걸었다. 당시 핵무기 제조를 위한 한국의 기술수준은 상당 수준까지와 있었다. 한국형 미사일 백곰이 성공되어 핵 농축만 마련되면 핵탄두 성공으로 핵무기 보유국 진입도 가능했다. 핵에너지를 확보할 수 있는 시장이 넓어 미국이 아니더라도 사용 후 핵연료를 충당할 수 있다는 자신감도 있었다.

한국 최초의 지대지 미사일 백곰의 시험발사 모습과 이를 지켜
보고 있는 박대통령 (1978. 9. 26)

한국정부는 사용된 핵연료에서 플루토늄을 추출할 수 있는 재처리 시설을 프랑스로부터 들여오려 벨기에로부터 합성산화 연료 처리 시설의 구입을 추진했다. 이 때문에 프랑스에서 외무장관 조베르(Michel Jobert)가 박대통령의 초청으로 한국을 극비리에 방문했는데 미 중앙정보부에서는 벌써 알고 일행의 움직임을 감시하고 있었다. 핵보유 강대국들은 자신들은 핵을 가지면서도 다른 약소국 들이 핵을 갖지 못하게 하는 소위 핵 패권(nuclear hegemony)을 행사해왔다. 그들의 핵보유에 대한 논리는 '내가 핵을 가지는 것은 정의를 위한 것이요, 네가 가지면 침략을 위한 것이니 안 된다'라는 식이다. 미국이 핵 패권을 행사한 대표적 국가가 바로 한국이다. 미국은 북한의 핵에 대해서는 아무런 조치도 취하지 못하고 결국 북한을 핵보유국으로 인정하기에 이르렀다. 그러나 한국에 대해서만은 이상하리만큼 무소불위의 힘을 휘두르며 한국의 핵 개발을 막았다.

1974년 12월 미 정부는 한국의 핵 개발추진을 눈치 채고 포기하라는 압력을 가했다. 스나이더 (Richard Lee Sneider), 1922~1987 당시 주한 미 대사는 본국에 '노골적이며 강압적 수단'을 동원해서라도 한국의 핵 개발을 막아야 한다고 보고했다. 미국은 주한미군 철수와 경제지원 중단 등 갖가지 수단을 동원하여 박대통령에게 핵무기와 미사일 개발을 포기하도록 압력을 가했다. 미국대사는 수시로 박대통령을 찾아와 마치 미국의 식민지 국가를 다스리는 총독처럼 기세등등하게 행동하며 핵 개발 프로그램을 중단하라고 으름장을 놓았다. 미국의 한국 핵 개발에 대한 방해공작은 전 방위적이었다. 미국은 첩보위성과 정찰기를 통해 대덕연구단지의 항공사진을 수시로 찍어 움직임을 점검했다. 청와대도 미 중앙정보부에 도청되어 박정희 대통령은 극비사안에 대해서는 필담(筆談)을 해야만 했다. 미 대사관, 미 공보처 직원 등으로 위장한 직책을 가진 중앙정보부(CIA) 요원 약 500명이 한국의 과학연구단지 어느 곳이나 불시에 침입하여 핵사찰 활동을 했다. 이들의 활동은 일본에 있는 미 중앙정보부 지부로 보고되었다. 미국의 식민지 국가의 위상밖에 안 되는 수모를 겪어가며 핵 개발을 진행하던 한국 정부는 결국 1976년 1월에 핵 개발 포기를 시사하게 되었다.

현재 비밀 해제된 당시 미대사가 본국정부에 올린 문건에 따르면, "*결국 1974년도 미국정부의 외교적 노력으로 한국의 모든 독자적 핵무기제조계획을 봉쇄하는데 성공했다.*"라고 밝히고 있다.

역대 주한대사	출신	재임기간	미 대통령	한국 대통령	주요 한·미 현안
필립 하비브	외교관	1971.10~74.8	리처드 닉슨	박정희	김대중 납치, 유신
리처드 스나이더	외교관	1974.9~78.6	제럴드 포드	박정희	한국의 비밀 핵개발
윌리엄 글라이스틴	외교관	1978.7~81.6	지미 카터	박정희 전두환	박정희 암살, 광주 민주화 운동, 전두환정권 등장
리처드 워커	학자	1981.7~86.8	로널드 레이건	전두환	아웅산 테러
제임스 릴리	CIA	1986.11~88.1	로널드 레이건	전두환 노태우	6·10 항쟁
도널드 그레그	CIA	1989.9~93.2	조지 H W부시	노태우	한·중, 한·러 수교
제임스 레이니	학자	1993.10~97.2	빌 클린턴	김영삼	북한 핵 문제
스티븐 보스워스	외교관	1997.12~01.2	빌 클린턴	김대중	6·15 남북 정상회담
토머스 허바드	외교관	2001.9~04.7	조지 부시	김대중 노무현	북한 핵문제, 여중생 사망사건
크리스토퍼 힐	외교관	2004.7~05.4	조지 부시	노무현	북한 핵, 한·미 동맹 재조정
알렉산더 버쉬바우	외교관	2005.10~08.9	조지 부시	노무현	소고기

1970년 이후의 주한 미국대사

포병출신인 박대통령은 현대전에서 미사일 기술과 보유 수준이 승패를 좌우한다는 사실, 그리고 핵무기를 가진 나라만이 자주국방은 물론 국가의 주권을 제대로 행사할 수 있다는 사실을 정확히 인식하고 있었기 때문에 어떻게 해서든지 핵무기와 미사일을 보유하려 한 것이다. 이후에도 박대통령은 미국의 압력에 한 걸음 물러나는듯 하면서 실제로는 핵 재처리 사업을 '화학처리 대체사업'으로 이름만 바꾸어 핵 개발을 계속 추진했다.

그러나 결국 1979년 10월 26일 박대통령이 김재규 당시 중앙정보부장이 쏜 총에 피살됨으로써 한국의 핵 개발 계획은 사실상 막을 내렸다. 1979년 10. 26 사태의 표면적 이유는 장기독재로 인한 정치적 갈등의 폭발이다. 그러나 박대통령이 핵 개발을 추진하다가 암살되었으며 그 배후에는 핵 개발을 저지하려는 미국의 세력이 있었다는 의혹이 계속 제기되어 왔다. 당시 한국중앙정보부(KCIA) 부장 김재규는 박대통령 살해 직후 육군본부 벙커에서 '내 뒤에는 미국이 있다'고 말한 적 있으며, 10. 26 사태에 대한 1심 최종변론에서도 '건국 이래 최악인 한미관계를 복원시키기 위해 박대통령을 죽였다'고 진술한 바 있다. 김재규는 미 중앙정보부에 포섭되어 이용되었다는 것으로, 그와 같은 전례는 세계적으로 이미 여러 차례 있었다. 칠레의 좌익 아옌데 대통령 살해사건, 베트남 초대 대통령 고 딘 디엠 살해사건, 쿠바의 카스트로 암살 기도사건, 니카라과의 산디니스타 정권을 붕괴시키기 위해 우익 게릴라 집단인 콘트라반군을 지원해 준 사건 등의 해외

공작이 있었다.

　박대통령의 피살 직후 한국 핵 개발과 미사일 개발 팀은 미국의 압력으로 해체되고 연구시설은 부수어지고 미 중앙정부 요원들은 그 해체된 현장사진을 찍어갔다. 신군부의 전두환과 노태우는 핵 개발 및 미사일 개발 팀을 해체시켰다. 미국 측에 군사정권의 정당성을 인정받기 위해 아부한 것이다. 전·노의 미사일주권 포기로 박대통령이 자주 국방을 위해 심혈을 기울여왔던 공든 탑은 허무하게 무너져 내렸다. 천여 명의 국방과학연구소 연구원들은 해고되었다. 일부는 민간 기업에 취업하여 상품개발에 나섰고 일부는 대학교수자리를 얻어갔다. 상당수의 과학자들은 학맥, 인맥에 좌우되고 배타적인 한국 교수사회의 폐쇄적 풍토에 적응하지 못하고 고국에 환멸을 느끼며 해외로 다시 떠났다.

　최근 핵 주권이라는 말이 국제사회 이슈로 등장하고 있다. 북한을 포함한 핵보유국으로 둘러싸인 한반도 상황에서 우리 한국이 생존하기 위해서는 자주적 핵 억제력이 필요하다. 핵무기가 없으면 국가의 주권마저 제대로 행사할 수 없는 것이 현실이다. 힘없는 평화는 공상에 불과하다. 지금 우리나라는 그 어느 때보다도 자주독립국으로서 필요한 가치 판단력과 정책 판단력이 필요하다. 국가안보와 민족의 번영을 위해서는 한반도 주변의 강대국들을 누르고 우리가 제대로 주인노릇을 할 수 있을 만큼 용기와 지혜 그리고 비전이 절실히 필요하다.

우리는 왜 핵무장을 해야 하는가?

과거 소련이 서방국가를 겨냥해 핵탄두를 실은 중거리 미사일 SS-20을 배치하자, 서독은 곧바로 여기에 대항하여 미국의 퍼싱 2 미사일Pershing; 미국의 2단계 지대지 탄도탄을 배치했다. 영국도 이것을 구입하려하자 영국 일각에서는 대항수단을 취하면 핵공격을 받을 우려가 있다는 반대의견이 일었다. 당시의 영국수상 대처는 이에 대해 사례를 들어가며 강하게 반박했다.

"일본이 제2차 세계대전에서 미국의 핵공격을 받은 것은 일본이 핵무기를 보유하지 못했기 때문이다. 이와 달리 일본은 미국으로부터 독가스 공격은 받은 적이 없다. 그 이유는 일본이 다량의 독가스 무기를 가지고 있었기 때문이다."

구분	제원
분류	기동식 대륙간탄도탄(ICBM)
제작	러시아, 1980년대
사정거리	4,800km 3단 로켓 결합 시 ICBM
속도	마하 1.0
탄두	Kt급 3개의 핵탄두장착

SS-20 대륙간탄도미사일

구분	제원
분류	중거리탄도미사일(IRBM)
제작	미국, 1984년
사정거리	1,800km
속도	마하 1.0
최초배치	독일 무틀랑엔(Mutlangen) 기지에 1984년 18기 배치, 6분이면 모스크바에 탄착
명칭의 의미	1차 세계대전 당시 미군 총사령관이었던 John Joseph Pershing 장군을 기림

Pershing II 미사일

SS-20 대륙간탄도미사일과 Pershing II 미사일

대처 수상의 주장에 따라 영국이 강력한 탄도미사일로 무장하자, 소련은 SS-20을 폐기하여 유럽은 핵 위기를 모면했다. 핵을 억제하는 것은 핵이기 때문이다. 우리는 왜 핵무장을 해야 하는가? 그 대답은 미국과 북한을 보면 간단히 얻을 수 있다. 북한이 미국에 맞서 지금 큰소리를 치는 것은 핵무기를 가지고 있기 때문이다. 북한의 미국본토에 대한 핵공격 위험성을 의식해야 하는 미국으로서는 북한에 마음대로 대응하기 어렵다. 북한이 중국에

마저 겁을 주고, 또한 자기들보다 수십 배나 경제력이 강하고 잘 사는 한국을 우습게 여기는 것도 핵무기를 가지고 있기 때문이다. 만일 남한 역시 핵무장을 하고 있다면 북한이 감히 지금처럼 남한을 위협할 수 있겠는가? 만일 한국이 핵을 보유하고 있어 북한이 감히 한국을 넘보지 못하는 상황이라면, 미국이 한국의 취약한 안보상황을 빌미로 삼아 한물 간 구식 무기나 팔아치우는 만만한 시장으로 여길 수 있겠는가? 이 모두가 핵을 보유하지 못한 국가이기 때문에 겪는 수모이다. 과거 박대통령은 한국이 핵을 보유하게 되면 북한의 남침을 위해 중무장한 군사력도 무력화될 것이며, 한국의 안보불안도 해소될 수 있다는 점을 정확히 꿰뚫어 보고 핵무기 개발을 국가 안보를 위한 사명으로 여기고 진행했던 것이다.

미국이 한국의 핵 개발을 막으려한 이유로는 한국이 핵보유국이 되는 것을 반대한 데도 있지만, 보다 중요한 이유는 한국이라는 상당히 짭짤한 전투기 시장이자 군수무기시장을 잃게 되기 때문이다. 카터 전 미국 대통령이 한국의 박대통령을 극도로 증오한데는 자주국방을 위해 핵 개발을 하려해서 뿐만 아니라 방위산업을 적극 육성하여 무기 국산화 비율을 높임으로써 미국 무기를 구매하는데 소극적이었기 때문이었다는 이유도 있었다. 미국은 한국이 물고기 잡는 법을 배우기를 원치 않는다. 미국이 잡아놓은 물고기를 사 가기를 원할 뿐이다. 즉, 미국의 입장은 한국이 핵무기 개발에 돈을 쓰지 말고 자국산 재래식 무기를 구입해서 쓰라는 것이다. 한국이 영원히 미국의 군수무기 수입시장으로 남아있어 달라는 것이다. 일단 한국이 핵무기를 보유하게 되면 전투기와 기타 재래식 무기구입은 줄어들 것이며, 더구나 한국이 무기 국산화사업을 계속 추진하고 있고 한국의 방위산업이 빠르게 발전하고 있어 미국의 재래식 무기 수출은 더욱 타격을 입게 될 것이기 때문 이다.

과거 어느 위정자가 소위 한반도 비핵화 선언을 한 적이 있다. 한국이 핵무장을 하지 않을 테니 북한도 핵무기를 갖지 말라는 취지였다. 그의 업적으로 오늘날 우리는 북한 핵무기 앞에 겨우 총칼 들고 서 있는 꼴이 되었다. 한국의 안보가 몇 번씩이나 그러한 정신 나간 위정자들에 의해 좌우되었다는 것이 한국의 크나큰 비극이다. 힘없는 평화만 주장하는 자는 나라를 망치는 자이다. 한 국가의 군사력은 국제사회에서 국가의 주체성과 국가적 위상을 높인다.

모나코는 작은 나라로 군대도 없고 국방은 프랑스에 맡기고 있다. 그 덕에 관광으로 편하게 먹고 살고는 있지만 국가로서의 품위는 전혀 없다. 유럽인들은 모나코를 국가라기보다는 하나의 관광유원지쯤으로 여긴다. 반면 스위스는 작은 중립국이지만 엄청난 경제력과 막강한 군사력을 보유하고 있다. 2차 대전 대 히틀러가 스위스를 우습게 여기고 침공하려다 막상 그 군사력을 보고 포기했던 일은 잘 알려져 있다. 오히려 스위스의 엘리콘(Oerlikon-Buhre) 사社는 세계에서 성능이 가장 뛰어난 기관포를 만들고 있었는데, 독일의 히틀러가 식량을 주고 그 포를 사갔다. 당시 연합국은 스위스가 연합군 측과 적국 양쪽에 무기를 판 데 대해 아무 말도 하지 못했다. 스위스의 군사력 때문에 국가 위상이 당당했기 때문이었다.

독일군의 엘리콘 기관포와 미 전함에 설치된 엘리콘 기관포

바가지 쓰며
재래식 무기나 사다 쓰라는 미국

"한국관계당국이 미국 F-15기종을 선정하여 도입하겠다는 조속한 결정을 하지 않을 경우, 한미관계에 심각한 악영향을 미칠 것이다."

- 보잉사와 미주리 주 의회 대표단

"최종사업자 결정을 신속히 하지 않는 조치는 미국 사업자인 보잉사와의 사업을 포기하는 결정으로 간주하겠다."

- 크리스토퍼 본드 상원의원

"한국인들이 '잘못된 결정 wrong decision: F-15이 아닌 프랑스의 라팔 기종을 선정을 할 경우, 이것은 38,000명의 주한미군 철수로 이어질 수 있으며 한국에 대한 군사지원도 중단될 수 있다."

- 도날드 럼스펠드 국방장관

1993년부터 한국의 차세대 전투기를 선정하는 F-X사업 차기 전투기(FX: Fighter experimental) 도입사업이 시작되자 예상했던 대로 한국 국방부 관계자들은 서슬 퍼런 미국의 압력에 직면하게 되었다.

미국 측은 주한미군과 한미관계를 연계시켜 정치적 압력을 행사했다. 특히 본드 상원의원은 정치적 압력을 넣기 위해 외교적 예의와 격식도 벗어나는 노골적인 언사를 거침없이 내 뱉음으로써 한국 측 관계자들의 분노를 사기도 했다. 본드 상원의원은 '개인적 차원'이라는 단서를 붙인 럼스펠드(Donald Rumsfeld) 국방장관의 서한을 수차례 한국에 전달하여 그 압박의 수위를 더했다. 미국 미주리 주 세인트루이스에 F-15 생산라인을 두고 있는 보잉사는 이번 기회에 단단히 한몫 잡을 각오였다.

미주리의 F-15 생산라인은 미주리 주 상원의원 크리스토퍼 본드(Christpher Bond)와 리처드 게파트(Richard Gephardt) 의원 등이 로비를 벌여 미 공군에 2년 간 10대의 전투기를 5억7100만 달러 규모로 공급하는 소규모의 계약을 간신히 성사 시키면서 유지되고 있는 형편이었다. 게다가 2년 전 그리스와 이스라엘이 보잉사의 F-15 이글 기종을 도입하려다 포기한 후, 생산라인이 폐쇄될 위험에 처해있는 터였기 때문이다.

보잉사는 한국의 F-X사업이 발표되자 쾌재를 불렀다. 미국은 전통적으로 아시아에서 일본을 제외한 다른 국가는 퇴출직전의 전투기를 팔아치우는 미국무기 판매시장으로 여겨왔다. 이제 미주리 주의 F-15 생산라인은 유지될 수 있으며 수 천 명의 실업자가 쏟아지게 되는 것도 막을 수 있게 되었다.

한국의 영공을 지킬 전투기를 그 성능과 가격을 기준으로 선정해서 구입하는 것이 아니라 미국의 횡포에 가까운 엄포와 압력에 의해 우격다짐으로 구입해야 하는 약소국의 위상과 현실을 일깨워주었다. 당시 기종이 결정되기 직전 미국을 방문했던 한국 국방장관이 럼스펠드 국무장관을 만난 자리에서 기종선정은 한미동맹을 최우선 조건으로 하여 하겠다고 밝힌 말이 언론에 보도되었다. 이미 내부적으로는 F-15로 결정된 상태에서 나머지 기종들을 들러리로 세우고 일종의 쇼를 했던 것이다.

사업자 선정과정에서 한국정부는 공개입찰이란 형식을 통해 나름대로 자주적 의지를 보여 주는 것 같았지만 한바탕 쇼에 지나지 않았다. F-X 사업 입찰에서 미국 전투기 제작회사가 선정되지 않을 것이라고 생각한 사람이 있었다면 그는 정치꾼들이 흔히 말하는 참으로 순진한 소위 '일반 국민'이었을 것이다.

선정 아닌 선정을 해야 했던 공군 평가단 실무자들이 고충과 비애가 느껴진다. 국민의 혈세를 낭비하지 않고 우수한 전투기를 구입하기 위해 전투기의 성능, 가격, 기술이전, 도입조건 등 수백 개의 항목별로 평가표를 만들고 각 기종별로 비교 분석 해가며 평가하고 점수를 매긴 노력이 미국 군수업자들의 우격다짐으로 헛수고가 되었기 때문이다.

한국은 라팔(Rafale; '폭풍'이란 뜻 제작사인 프랑스 다소항공사; Dassault Aviation)가 기술이전을 약속했음에도 불구하고, 기술을 전혀 제공하지 않는 F-15K에 무조건적으로 60점을 부여하는 방식으로 F-15K의 평가점수를 끌어올렸다.

한국이 F-15K를 도입하기 위한 형식적 공개입찰에 라팔을 들러리로 세웠다는 사실을 알게 된 다소 사는 격분하여 다시는 한국의 방위사업에 참가하지 않겠다고 선언했다. 라팔은 성능, 무장능력, 항공장비, 신뢰성 및 가용성, 정비성, 전력화 지원요소 등 5개 분야 전 항목에서 후보에 오른 4개의 기종인 라팔, F-15, 수호이-35, EF-2000 중 1위를 차지했다.

성능이 검증되지 않아 한국에 도입되지 않았다는 프랑스제 라팔 전투기가 이스라엘 공군에서는 지금도 문제없이 잘 날고 있다. 아마도 이스라엘의 기후가 한국보다 월등하게 좋아서 문제가 없는 모양이다. 한편, 라팔보다 성능이 월등히 우수해서 도입했다는 F15K는 '(G-LOC Gravity induced Loss of Consciousness), 중력 가속도로 인한 의식상실'이라는 납득하기 어려운 이유로 벌써 한 대 대당가격 1,200억 원가 추락했다.

북한은 이미 1960년대에 탱크를 자체생산하고 소련제 전투기를 조립 생산하는 수준에 올라 있었다. 그럼에도 미국은 한국이 방위산업을 육성하려는 노력에는 갖은 방해를 일삼았다. 미국은 한국이 무기를 자체 생산하지 말고 미국이 주는 한물 간 구닥다리 모델을 비싼 값에 구입해서 쓰라는 것이다. 소련이나 러시아가 북한에 최신 무기를 저렴한 가격과 기술 이전을 포함한 좋은 조건에 제공하는 정책과는 정 반대되는 정책이다.

미국은 한국의 혈맹치고는 지나치게 인색하다. 러시아제 무기에 비해 미국제 무기는 비슷한 성능이라도 무슨 금칠이라도 했는지 유독 비싼데다가 기술이전도 거의 없으며, 선택사양마다 별도의 추가비용이 붙어 어떤 경우에는 배 보다 배꼽이 더 크다. 바가지 쓰기가 예사이다. 한국은 90년~95년까지 미국으로부터 48억 달러, 1996년~2000년까지의 5년 간 35억 6천만 달러 어치의 무기를 구입했다. 해외구입 무기의 80% 이상이 미제이다. 사실상 독점이다.

무기수입이 미국으로만 편향되는데 대해 늘 등장하는 몇 가지 변명이 있다. 가장 자주 들먹이는 이유는 '한-미 공조'와 '상호 운용성'이다. 한미공조란 한미 양국은 50년간의 혈맹관계이며 현재에도 주한미군이 주둔하며 한국안보를 책임지고 있으니 미국 눈치를 살필 수밖에 없다는 뜻이다. 외교적 언사로 말하면 한미공조이지만 직설적으로 말하면 미국의 강압에 바가지 써가면서 구식무기를 팔아줄 수밖에 없다는 얘기다.

1997년 6월 12일 번스 미 국무부 대변인은 한국과 최종적인 합의가 이뤄지기도 전에 스팅어 미사일을 한국에 판매할 계획이라고 다음과 같이 일방적으로 발표했다.

"우리는 3만7천 명의 미군이 현재에도 한국에 주둔하고 있으며 50년 이상 지속되어 온 한미 양국 간 방위협력관계에 비추어 스팅어 미사일의 구매가 성사되기를 희망 한다."

이쯤 되면 한국은 사겠다는 뜻도 비치지 않았는데 한국의 안보를 지나치리만큼 걱정을 해주는 미국의 태도에 고마워서 눈물이라도 흘려야 할 지경이다. 미 군수업자들이 아무리 비싼 값을 불러도 이토록 서슬 퍼런 미국의 강매협박에 안사고 버틸 수 있을까? 또한 한국군의 무기체계가 대부분 미국 무기로 구성되어있어 상호운용성에 있어서 미국 무기가 효율적이라고 말한다. 그렇다면 무기수입국의 다변화를 통해 우수한 무기를 갖추려하는 선진국들은 무기체계가 비효율적이란 말인가? 게다가 리베이트나 뇌물을 동원한 미국군수업자들에게 한국 율곡사업은 만만한 먹잇감에 지나지 않았다.

1983년 시작된 한국형 전투기 사업 KFP;(Korea Fighter Program)은 1993년 시작된 한국의 차세대 전투기 도입사업인 F-X 사업FX;(Fighter experimental)의 전신이다. 이 KFP사업은 5공 비리 국회 청문회에서 이 비리 사건들이 터져 나오면서 '율곡비리'라는 이름이 붙었다. 5공 군사정권 실세가 미 군수업자들로부터 전투기를 선정해주는 대가로 뇌물을 챙긴 것이다.

당시 5공 실세가 미국 노드롭(Northrop)사의 F-20 전투기를 맥도넬 더글러스(McDonnell Douglas)사의 FA-18호닛, 제너럴 다이내믹스(General Dynamics)사의 F-16, 프랑스의 미라지 2,000등을 제치고 손을 들어주기로 하고 노드롭사로 부터 뇌물을 받았다. 그러나 시험비행 도중 추락사고가 발생하여 노드롭이 탈락되자 뇌물을 돌려달라고 국제재판소에 제소하면서 폭로되었다.

1989년 기종 종합평가에서 공군은 물론 국방부도 성능과 효율 면에서 FA-18이 월등하다고 판단했다. 조종사들도 단발엔진의 F-16보다 쌍발 엔진에 안전성이 보장되는 F/A-18을 선호했다. 그리하여 F/A-18호닛이 구매 기종으로 선정되었다. 그러나 1991년 계약체결을 앞두고 노태우 정권은 공군참모 총장의 결사적 반대를 묵살시켜 가면서까지 갑자기 제너럴 다이 내믹스사의 F-16 전투기로 기종을 바꾸었다.

리베이트와 뇌물의 힘은 크다. 율곡사업 중 최대 규모인 한국형 전투기 사업 KFP 총 거래액 3조9천억 원의 5%인 약2천억 원을 뇌물로 받아 챙겼다는 얘기가 아직도 계속되고 있다. 떡고물 많이 떨어지는 쪽을 기종 선택의 기준으로 삼았다는 얘기다. 국민의 혈세에서 외국으로 나갈 돈의 일부를 받아 챙겼으니 뇌물이긴 하지만 외화획득을 한 셈이다. 떡고물이라면 빼먹지 낳고 챙기는 정치인의 투철한 직업정신이 돋보인다.

한국형 전투기 사업은 처음부터 실패작이라는 평가를 받았다. 도입과정부터 부정으로 얼룩졌으며, 핵심전략무기체계의 도입이나 기술이전이 제대로 이루어질 수 없었기 때문이었다. F-16이 한국 공군에 인도된 1996년부터 2006년까지 이미 단종 생산된 구형 엔진의 노즐 결함 등 엔진고장으로 6대가 추락했다. 한국은 그 때마다 제너럴 다이내믹스사에 배상금을 요구했지만 한 번도 받지 못했다. 한국형 전투기 사업(KFP)이 로비로 얼룩지지 않았더라면 그 후속으로 42억 2800만 달러에 달하는 막대한 규모가 투입되는 차세대 전투기 도입사업, 즉 FX사업은 필요치 않았을 것이라는 비판이 강하게 일었다.

미국이 재래식 무기를 비싼 값으로 바가지 씌워 팔아치우는 가장 전형적인 수법은 부정한 정권에 리베이트와 뇌물로 로비를 벌이는 것이다. 국가는 손해보고 국민의 혈세는 낭비되겠지만 정권은 막대한 뇌물을 받아 챙길 수 있기 때문에 거래는 손쉽게 성사된다. 미국 군수업자들은 이 점을 잘 알고 있다. 또 다른 수법은 겁주어 팔아 치우기이다. 가장 흔한 판매방식이다.

"*한국 대부분 지역은 북의 미사일 공격에 무방비상태이다.
따라서 한국은 빠른 시일 안에 패트리어트 미사일을 배치해 지금과 같은 위험한 상황을 개선해야한다.*"

어느 주한미군 사령관이 한국 정부에 말한 내용으로, 요점은 구형 패트리어트 미사일을 어서 구입하라는 뜻이다. 한국 국방부가 과연 명중률 30%도 안 되는 그 고물 패트리어트를 구매하지 않을 수 있었을까? 주한미군기지가 미국무기 판매를 위한 쇼 윈도우 역할을 하기도 한다. 미국은 한국에 무기를 강매하기 전 우선 한국 내 미군기지에 배치한다. 주한미군기지는 미국무기 백화점 진열장이다. 그러고 나서 한국 당국에 구경시키고 곧 바로 구매 압력을 가하는 것이 공식이다. 그러므로 미국이 주한미군기지에 무기를 새로 배치했다는 뉴스가 나오면 그것은 한국이라는 고객에게 어서 빨리 구입하라고 미국이 바람 잡고 있는 것이라고 보면 될 것이다.

　미국의 주요 수출상품은 전쟁무기이다. 제2차 세계대전 때 '민주주의의 병기창'이라 불렸던 미국은 전쟁이 끝난 후 경기 후퇴를 겪었다. 미국의 경기호황은 전쟁의 유무와 밀접한 관련이 있다. 미국의 정계는 군산복합체(military-industrial complex)가 지배한다. 군산복합체한 군수업체, 군부, 정치가들이 군사비지출 및 군수무기의 판매를 통해 얻어진 이익을 나누어 갖는 유착 체제를 말한다. 미국을 움직이는 것은 군산복합체이며, 그 핵심은 록펠러-모건 재벌이다.

　그러므로 한국전쟁, 베트남전쟁, 아프리카 내전, 걸프전쟁, 유고전쟁, 이라크 전쟁, 아프가니스탄 전쟁 뒤에는 언제나 무기판매로 이익을 극대화하려는 미 군산복합체의 핵심인 록펠러-모건(Rockefeller-Morgan) 재벌의 검은 손길이 뻗쳐 있었다.

　이들 군산복합업체가 바로 백년이 넘도록 미국을, 그리고 세계를 지배하고 있는 실세이다. 걸프전과 아프가니스탄 전쟁에 5배 이상의 무기를 쏟아 부은 것도 미국의 재고무기를 처분하고 아울러 무기소비량을 늘여 이익을 극대화하자하는 군산복합체의 계산이었다. 미·소 냉전이 끝나자 미국의 국방비 감축으로 무기 산업이 사양길에 접어들었다. 국제무기시장에서도 수요가 대폭 줄었다. 그 여파로 많은 군수업체가 도산하고 백만 명이 넘는 무기산업 종사자들이 대량실업의 위기에 처하게 되자, 미국은 무기수출

증대에 전력했다. 이 과정에서 구식 무기들을 팔아치우기 위해 강매하거나 신형무기를 판매하는 조건으로 구식무기를 끼워 팔기까지 등장했다. 현재 미국의 세계무기시장 점유율은 50%에 이르고 있다. 군수무기산업계의 입장에서는 언제나 소비가 미덕이다.

B-1B 폭격기의 폭탄투하

미사일 사정거리 제한으로
손발 묶인 한국

"북한의 노동, 대포동 미사일 발사에 온 국민이 떠는 걸 보며 한국 미사일개발에 참여했던 사람으로서 안타까울 뿐이다. 5공 신군부가 1,000여명에 달하던 핵미사일 기술을 갖춘 고급 두뇌들을 쫓아버려 연구개발을 막지만 않았더라도 한국은 오늘날 대포동을 능가하는 미사일을 보유하고도 남음이 있다. 온 국민이 북한 미사일에 이토록 떨게 되지는 않았을 것이다."

- 한국 미사일 개발의 산 증인이자
현 전국과학기술인협회 이사장 목영일 박사의 탄식

포병 출신인 박정희 대통령은 미사일이 현대전에서 승패를 좌우한다는 사실을 인식하고 있었기 때문에 미사일 개발을 자주국방의 기수로 여기고 여기에 정성을 쏟았다. 전두환과 노태우는 핵 개발 및 미사일 개발 팀을 해체시키고 1,000여 명이 넘는 고급두뇌들을 쫓아버렸다. 박대통령의 무기개발을 통한 자주국방정책은 폐기되었다. 미사일 개발계획을 폐기한 것은 전두환과 미국의 합작으로, 이것은 정통성이 없는 전두환 군사정권이 미국 측으로부터 군사정권의 정당성을 인정받기 위한 아부였다 미국은 만족하여 윤허(允許)했다.

한국에서 모 선생님이 북한 김정일에게 남한 국민을 죽이기 위한 핵미사일 개발하는데 필요한 자금을 제공하는 지나치게 애국적인(?) 행위를 저지르고 있는 동안, 미국에서는 클린턴 정권이 정치자금 명목으로 거액의 뇌물을 받고 중국으로 첨단 탄도미사일 기술을 유출시켰다. 당시의 페리 미 국방장관은 친북 성향의 카터 정권에서 국방차관을 지냈으며 클린턴 행정부 시절 대북정책의 기준이 되는 '페리 보고서(Perry Process)'의 작성자이다. 그는 군산복합체의 경영자로 무기를 팔아 거부가 된 인물이다. 그는 북한의 핵미사일 개발에는 이해하는 태도를 취하고 중국과 북한의 핵무기 생산에도 유보적 태도를 취했으나 소위 혈맹이라는 한국에는 그것을 엄격하게 금지했다.

1987년부터 미국이 일방적으로 주도한 미사일기술통제체제(MTCR; Missile Technology Control Regime)가 발효되었으며 한국에게는 사정거리 180km, 탄두 중량500kg 이내의 미사일만 개발 하라는 지침을 내렸다. 전두환 군사정권이 미국으로부터 정권 승인을 받는 대가로 한국의 '미사일 주권'을 포기한 결과이다. 이 미사일기술통제체제의 주 내용은 탄도미사일 체계 완성품은 탄두중량과 사정거리 제한, 무인항공기시스템 및 생산설비, 이중용도를 통제하는 것 등을 포함하고 있다. 정권승인을 받는 대가로 한국의 미사일 주권을 포기한 것은 전두환과 레이건이 상호 원하는 것을 얻어낸 정치적 거래였다.

전두환과 레이건

한국은 이 체제에 2001년 33번째로 가입되었다. 이때 미국정부는 크나큰 아량을 베풀어 한국 미사일 개발 사정거리를 300km로 늘이도록 허가해 주었다. 한국 전역이 이미 북한 미사일의 사정권 안에 들어간 다음의 뒤늦은 뒷북치기였다.

현재 우리 국군의 현무계열 탄도 미사일 사정거리는 노후화된 현무 1이 180km, 현무 2가 250km, 2003년 미국에서 도입한 전술지대지 미사일(ATACMS)도 300km에 그친다. 이 정도의 미사일로는 평양에도 도달하지 못한다. 북한 전역을 사정권에 넣으려면 사정거리 최소 1,000km의 미사일을 보유해야 한다.

이에 반해 북한은 이미 1980년대에 사정거리 300km인스커드-B, 500km인 스커드-C 미사일을 개발하여 실전 배치했다. 1993년에는 일본까지 도달할 수 있는 사정거리 1,300km의 노동미사일 개발에 성공했으며 2006년에는 미국본토까지 공격할 수 있는 사정거리 6,000km의 대포동미사일 개발에 성공했다. 실제로 1998년 대포동1호 미사일 발사는 미국인들을 공포의 도가니로 몰아넣었다. 한국과 일본뿐 아니라 미국본토까지도 북한 핵미사일의 사정권 안에 놓여 북한의 핵공격에 완전히 노출되었기 때문이다. 북한이 마음만 먹으면 일본이나 미국의 도시 몇 개쯤 핵으로 날려버릴 수 있게 된 것이다. 한국과 일본을 상대로 골목대장

노릇하던 미국은 크게 당황 했으며, 이후 북한과는 대화하지 않겠다고 큰소리치던 미국은 수세에 몰려 북한과 적극적인 협상에 나섰다.

 2009년 4월 5일 북한이 대포동2호 대륙간탄도탄을 발사하자 미국 오바마 정권은 북한을 사실상 핵보유국으로 인정하기에 이르렀다. 이 사태로 그동안 미국이 일방적으로 주도해 온 소위 미사일기술통제체제는 사실상 완전실패로 돌아갔다. 결과적으로 미국은 한국의 미사일 개발을 제한함으로써 우방인 한국으로 하여금 팔다리가 묶인 채 압도적인 미사일 전력을 가진 북한에 맞서 싸우게 하는 형국이 되게 하였다. 미국이 한국의 미사일 개발을 그토록 방해한 것과는 정 반대로 러시아와 중국은 북한에 미사일 기술을 전수했다. 그 결과 북한은 한국보다 미사일 개발에 늦게 착수했음에도 불구하고 한국을 크게 앞지르며 세계 미사일 선진국 대열에 올라설 수 있게 되었다.

 이처럼 북한이 대륙간탄도미사일 (ICBM; Intercontinental Ballistic Missile)은 물론, 한반도 전역을 사정거리로 하는 중장거리 미사일 (IRBM; Intermediate Range Ballistic Missile)도 실전 배치함에 따라 남북한 미사일 전력(戰力)은 완전한 불균형이 초래되었다.

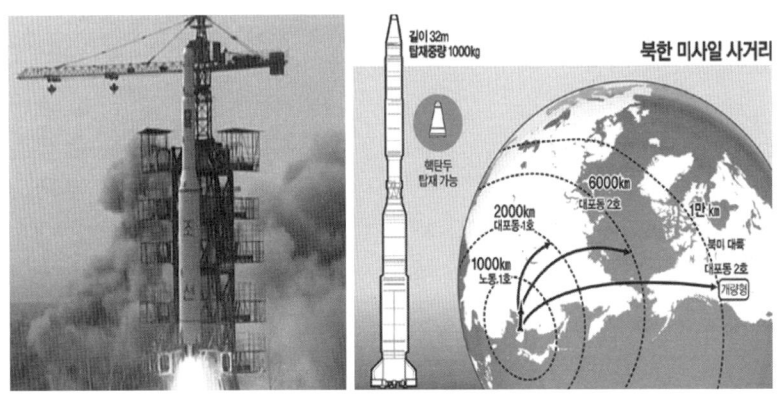

북한의 대포동 미사일

한국은 미국 측의 미사일기술통제체제에 묶여있다. 말하자면 한국은 '미사일 주권'을 갖고 있지 못하고 있다. 한마디로 한국은 북한처럼 대륙간탄도탄사정거리 최단 5000km 이상, 메가톤급 핵탄두 장착가능은 꿈도 꿀 수 없다는 얘기다. 미사일 기술 통제체제를 주도하는 미국 자신은 거리와 중량 제한 없이 장거리 미사일을 생산하고 있다. 한국과 같은 나라는 중거리 미사일을 전량 미국에서 구매해야 하므로 이 미사일기술통제체제가 미국의 군수사업에 기여하는 바는 크다. 미국의 미사일통제에 묶여있는 상황하에서 한국은 자연히 크루즈미사일의 개발에 치중할 수밖에 없다. 왜냐하면 크루즈미사일은 탄두중량 200~300kg 정도의 탄두를 싣게 되어있어 미국이 제한하고 있는 탄두 중량 500kg를 넘지 않고 상대 적으로 사거리를 1,000km 이상 늘일 수 있기 때문이다.

순항미사일(cruise missile)은 비행기처럼 터보제트엔진을 사용하여 유도장치에 의해 해수면이나 지면 위를 50~100m의 저고도로 스치듯 날아가는, 즉 스키밍(skimming)하는 미사일이다. 한국은 2006년 사정거리 500km의 함대지 겸 잠대지 크루즈 미사일인 천룡을 개발 완료했으며, 1,000km의 지대지 크루즈 미사일 현무-3을 실전 배치했으며, 500km의 공대지 크루즈 미사일인 보라매를 실전 배치했다.

　한국이 만든 순항미사일은 원형 공산 오차(CEP; Circular Error Probability); 미사일이나 포탄의 명중도가 5m 이내로 정확도가 매우 뛰어나다. 미국의 미사일 사정거리 제한으로 손발이 묶이지만 않았더라면 한국이 북한은 물론 미국보다 우수한 미사일을 개발할 수 있었다는 뜻이다.

제 5 부

1국 2체제는
중국의 개입을 막을 수 있다

 현재 중국은 북한과 조-중군사동맹에 의거하여 북한 유사시 자동 개입하게 되어 있다. 동북공정을 동원해 북한을 접수하려는 야심을 가지고 기회만 노리고 있는 중국은 반드시 진입하여 북한 영토에 대해 종주권을 확립하려 한다.

 한편 한국과 북한은 개별적으로 유엔에 가입되어 있는 별개의 국가이다. 따라서 북한 영토에서 긴급사태가 발생하더라도 한국군이 단독으로 북한에 진입하는 것은 국제법과 충돌하는 것으로 주변국들과의 이견을 불러일으킬 수 있다. 북한정권이 갑자기 붕괴되어 중국 인민해방군이 북한에 진입하여 점령하더라도 우리가 취할 수 있는 수단이 별로 없다 는 뜻이다.

 중국이 조. 중군사 동맹에 의해 북한 급변사태 시 북한에 진입하여 북한 치안을 안정시키고 북한 주민들로 하여금 선거라는 형식을 거쳐 새 자치정부를 세우게 하면, 한국은 북한에 군사력을 투입할 명분을 찾기 어려울 것이다.

 물론 그 친중(親中) 괴뢰정부는 중국의 지시에 따라 움직일 것이며 중국의 북한접수는 거의 완성단계에 이른 것이다. 게다가 2015년 전시작전권 환수가 되면 연합사는 해체될 수밖에 없으므로 북한 급변사태 시 북한에 진입하는 중국 인민해방군에 한국군 단독으로 맞서야 한다는 부담이 생긴다.

국제관계에서 명분은 실질적 내용 못지않게 중요하다. 국제 사회에서 인정되는 확실한 명분만으로도 중국 인민해방군의 진군을 단숨에 멈추게 할 수 있다. '1국 2체제'가 바로 그 중 하나이다.

1국 2체제, 즉 일국양제(一國兩制)는 하나의 국가 안에 서로 다른 두 개의 체제를 갖는 것으로, 국제적으로는 하나의 통일 된 국가로 인정된다. 1국 2체제가 실시되면 남북한이 국제법상으로는 하나의 국가가 되므로 중국이 북한에 진입하더라도 북한영토를 차지할 수 없다. 남북한이 비록 체제가 다를지라도 중국의 동북공정에 공동으로 대처할 수 있다. 1국 2체제 하에서 남한과 북한은 현재의 상호간의 국가체제를 인정하고 서로 흡수통일이나 적화통일이니 하는 이데올로기를 버리는 것이다. 서로 무역은 할 수 있으나 정치적 관계는 갖지 않아야 한다.

동북공정에 의한 중국의 북한접수 야욕을 분쇄하고 궁극적으로는 한반도의 평화적 통일을 준비하기 위한 과도기적 조치로 '1국 2체제'가 바람직한 한 대안이라고 생각된다.

1국 2체제는 급격한 통일의 후유증을 줄일 수 있다

"통일되면 천문학적인 비용이 들어가 그 후유증으로 심각한 경제침체가 오고 한국경제는 주저앉게 될 것이다."

"국가에서 지정해주는 직장에서 시키는 대로 일하는 타성에 젖어있는 북한사람들이 남한의 자유경쟁 자본주의 사회에서 적응하는 데는 어려움이 많을 것이다."

"아직도 한국에는 지역감정이 남아있는데 통일되면 사고방식이 다른 북한주민과 남한주민 사이에 갈등 일고 지역감정까지 생겨날 가능성이 많다. - 통일 후유증에 대한 한국 중학생들의 설문지 내용

우리 한국국민 누구나 민족의 염원인 통일을 갈망한다. 한편 통일 자체는 원하고 있으나 급격한 통일의 후유증에 대해서는 두려움과 부정적 생각을 가진 사람들도 있다.
그 대략은 다음과 같다.
첫째, 통일 직후 한국경제가 후퇴되고 심각한 경제침체가 온다. 한국의 1인당 국민총소득액은 2006년 시점에서 1만 8천 달러,

북한은 400달러의 수준이다. 한국의 인구는 약5,000만, 북한은 2,200만으로 한국이 2배 이상이다. 통일이 되면 한국인 2명이 북한사람 1명을 먹여 살려야 하는 상황이 된다. 그러나 한국의 경제력으로는 2,200만 명의 북한 인구를 부양할 힘이 없다. 북한주민에게 보조금으로 주어야 하는 점을 고려하면 1인당 국민총소득액은 9,000달러, 즉 현재의 절반이하로 떨어지게 된다.

둘째, 무한경쟁의 자본주의 사회에 대한 부적응, 문화적 충격 등으로 북한주민들에게 문제가 생기고 사회가 혼란해진다.

셋째, 가뜩이나 편 가르기 좋아하는 민족성은 지역감정, 학연, 지연에다 천민자본주의라는 천박한 근성까지 더해져 남북주민 간의 화합을 저해할 수 있다.

점진적 통일이 아닌 일시에 통일이 이루어져 급격한 통일 후유증을 겪고 있는 나라가 바로 독일이다. 1989년 11월 베를린 장벽이 무너질 때까지 독일의 어느 학자나 정치가도 통일을 예측하지도, 준비도 하지 못했다. 브란트(Willy Brandt) 전 수상은 베를린 장벽 붕괴 직전까지도 "*독일통일을 바라는 것은 과대망상에 가깝다*"라고 말했다. 호네커(Erich Honecker) 전 동독 서기장도 "*베를린 장벽은 앞으로도 1백년 이상 서있을 것이다*"라고 말했다. 이처럼 통일의 시기를 예측하기란 어렵다는 뜻이다.

독일 통일은 갑자기 닥쳤으며, 그 결과 독일은 준비되지 않은 통일을 맞이하게 되었고 급격한 통일의 후유증을 지금까지도 겪고 있다 우리 한국도 예외는 아닐 것이다. 그러므로 1국 2체제를 통한 점진적 통일은 우리에게 준비 할 시간과 적응할 시간을 준다. 갑작스러운 통일은 막대한 규모의 통일비용이 들고 낭비요소가 발생하지만 통일이 점진적으로 이루어지면 단계별로 갖추어 나갈 수 있기 때문에 부담이 되지 않는다. 1국 2체제는 급격한 통일의 후유증을 줄일 수 있다.

국제 정치학의 현재

국제 정치학이라는 것은 무엇이 옳고 그른가를 가려내기 어렵고 알 수 없는 세계이다. 독일 출신의 미국의 정치가 헨리 키신저 (Heinz Alfred Kissinger)는 나치의 유대인 박해를 피해 미국으로 망명하여 박사 논문 <세계의 질서 (World order)>로 그는 세계 질서를 세우는 것만이 세계 평화가 수립된다고 하였다.

세계 질서를 만들기 위해서는 전쟁이 바른 방향이라고 주장하였다. 그러나 전쟁으로 그 정당성을 만들 수 없을 때 그 다음 단계로 힘의 균형(the balance of power)으로 평화를 이루어야 한다고 하였다. 힘의 균형은 영국, 프랑스 등 유럽에서 나온 발상이다. 여기에 대하여 미국은 2차 대전 후 달러를 중심으로 한 세계 경제 질서를 위한 UN을 만들어 안전보장제도를 확립하였다. 이러한 질서 있는 제국의 헤게모니가 세계 정치를 움직인다는 것이 키신저 시대의 사상이었다.

국제정치학으로 볼 때 전쟁에 대해서는 명확한 가치 판단이 없고 선, 악의 결과도 없는 보통 정책의 선택 중의 하나로 보게 된다. 결국 이 현실주의로 볼 때 옳고 그른 전쟁이라는 것은 없다는 경향이 나타나지만 또 하나의 사고 자유주의 이상주의가 일어나고 그것은 칸트의 영원한 평화에 대한 이론이 그 근원이 되고 있다.

보통 민주주의 국가는 서로 전쟁을 하지 않는다. 독재적 국가인 독일이나 소련은 싸우고 미국, 영구, 프랑스 등은 싸움을 하지 않는다. 이것이 자유주의의 하나의 흐름으로 요컨대 민주주의의 자유를 바탕으로 사상이 중요시된다.

민주주의의 성선설을 살펴보면 일찍이 페르시아 제국과 아테네 중심의 희랍의 전쟁이 그 근원이 된다. 당시 페르시아가 압도적으로 강하기 때문에 희랍은 여기에 대항할 도리가 없었다. 희랍의 귀족 계급의 소수의 군대로는 싸움이 되지 않았다. 그래서 평민, 농민, 노예 계급까지 편입하고 그 대가로 그들에게도 시민권을 주어 평등사상이 이루어졌다. 이것은 희랍의 민주주의와 관계가 있으므로 사실 민주주의라는 것은 전쟁을 억제할 뿐만 아니라 촉진시키기 위해서도 필요한 제도임을 알게 되었다. 민주주의는 평화를 만들 수도 있고 그 과정에서 전쟁을 일으킬 수도 있다.

베트남 전쟁의 경우 민주주의가 공산주의 일당 통제를 타도하기 위해서 미국이 남베트남에서 싸웠으며 북베트남은 소련 무기를 사용하였으나 소련의 무기로 싸운 병사는 중국인이며 실은 미국과 중국의 싸움이었다. 결국 미국이 물러나게 되지만 그 후 월남은 중국의 위협이 심해서 미국이 베트남을 원조하고 있다. 베트남 체제 자체는 전처럼 공간주의의 일당 독재가 변하지 않았으나 중국을 몹시 싫어하고 미국에 의존하고 있다.

그 후 소련의 붕괴 후 리베라리즘(진보주의)이 강해지지만 이번에는 미국이 이라크 전쟁에 나서게 된다. 사담 후세인 정권이 이라크에서 화학무기를 감추고 있다. 이것을 히틀러 같은 독재자라 보고 미국이 전쟁을 일으킨다. 그러나 미국이 전쟁을 일으킨 결과 화학무기는 아무것도 없었다. 당시 세계의 평화를 위해 가톨릭 교황이 이를 결사적으로 반대하였으나 미국이 주장하는 정의의 전쟁은 아니었다. 미국의 정치가들은 이전과는 달리 이라크 전쟁은 미국의 잘못이라고 주장하게 되었다.

또한 전쟁의 양상이 오늘 날 몹시 변하고 있다. 미국의 정치학자 조셉 나이트는 <소프트 파워> 라는 책에서 지금의 세계는 군대 파워가 아닌 소프트 파워 즉 문화, 예술을 통한 미국과 같은 나라를 만들어 가는 것이 중요하다. 이라크전의 경우처럼 함부로 전쟁에 개입하는 것은 미국의 평가가 떨어지는 경우라고 말한다.

과거의 일본처럼 동양이 서양을 모방하여 항공모함을 중심으로 한 기동부대를 가지고도 결승전에서 미국이 그것을 모두 파괴하여 바로 항복해 버렸다. 그에 비해 월남은 별 무기도 없이 게릴

라전을 했는데도 미국이 이기지 못하였다. 이라크나 아랍국가에서는 10살짜리 아이들이 총을 쏘고 여자 아이가 임신을 하여 배에 폭탄을 넣고 덤벼든다. 미국의 인도주의로 볼 때 보기 딱한 장면이다. 이러한 상황에서는 미국의 정의는 고민할 수 밖에 없다. 이슬람교도의 지하드(성전)적 인간은 세계의 골칫거리이다. 그 때문에 미국은 이라크 철수를 건 오바마 대통령이 당선되었다. 그로 인해 오바마는 북한이나 중국에 대해 어려움을 겪게 된다. 중국이 나타나 새로운 패권 전쟁에 대비하겠다고 하니 국제정치는 큰 혼란에 빠지게 된다. 미국 국제정치학의 최고 권위자인 존 아이켄 메리노는 말한다. 미국이 자유주의를 펼치면 미국의 패권이 중국의 패권과 부딪힌다. 중국은 미국 패권의 정통성, 기능성을 안고 그것의 바른 점을 인정한다면 미국의 패권에 도전하지 않을 것이다. 미국과 중국은 협조하여 평화적으로 나가야 한다. 그러기 위해서 미국은 중국을 자극하지 말고 협조적으로 일종의 동맹관계와 같은 <미국의 질서>와 <중국의 질서>의 공전이 바람직하다고 말하고 있다. 여기에 미국의 민주당이 <미국의 가치관의 패배를 인정하는 변>을 엿볼 수 있다.

제 6 부

트럼프의 시대

2016년 미국 대선에서 트럼프가 당선되자 전 세계는 충격에 빠졌다. 트럼프는 미국인이 극동의 전쟁에 너무 많이 희생될 필요가 없다는 자국우선주의를 선언한다. 아시아인들은 스스로의 힘으로 자국을 지켜야 하며 한국도 그 사고방식을 바꾸어야 한다고 했다. 미국 대통령 선거에서 보면 그가 고립주의에 접근한 느낌이지만 철저한 미국 중심주의로 한국, 일본, 중국은 전쟁을 하고 싶으면 스스로의 힘으로 하되 부득이 미국의 도움을 바란다면 그 대가를 각 나라가 부담해야 한다고 주장한다. 이것은 미국의 전통적 사고가 아니다. 미국은 냉전기에 있어 너무나 많은 동맹을 맺고 전후에도 한국, 일본, 독일에 돈을 내어 세금이 외국으로 나갔다. 그래서 달러의 질서가 붕괴되어 미국이 심각한 경제위기에 빠졌다. 미국의 힘은 상대적으로 너무 저하하였으며 더 이상 국외의 기지에 군비를 확대할 수 없다는 것이다. 미국은 군대를 철수하여 미국의 경제를 일으켜야 한다는 것이 트럼프의 사상이다. 그는 비즈니스맨이다. 트럼프가 보았을 때 미국은 미래가 잘 보이지 않고 미국의 우수한 경제원리가 무너지고 미래가 암울한 것이다. 그렇다면 미국은 아시아의 위기에 어떻게 대처해 나갈 것인가? 국제정치가는 기본적인 경제를 잘 모른다. 그들은 소련의 갑작스러운 붕괴나 중국의 급속도의 성장에 대해 자연스러운 정도로만 생각할 뿐이다. 군사력만 보며 국제 경제에 대해 엉뚱한 사고를 하고 있다. 국제정치와 국제경제는 그 원리가 차원이 다르다. 피터 트러커가 1989년에 쓴 <새로운 현실> 이라는 책을 냈을 때, 정치가 키신저는 그를 정신병자라고 하였다. 그가 소련연방이 무너진다고 하였기 때문이다. 그런데 2년도 못 가서 소련이 붕괴되었다. 정치가는 고정관념이 강하고 자기주의 빠져있다. 중국은 미국과 전쟁할 수 없다고 생각하기 쉽다. 그 피해가 너무나 크기 때문이다. 그런데 남사군도에서 중국이 군사기지를 차지해도 미국은 가만히 있다. 손자병법에 당한 것이다. 미국은 북한에 대해서도 무력하다. 그 배후에 중국이 있으며 미국이 단독으로 해결할 수가 없다. 미·중이 합의하여 합의의 이행으로 밖에는 북한 문제를 해결하지 못한다. 그리고 북한을 돕는 중국을 앞장세워 교섭하며 핵개발을 막는다는 생각은 정말로 아이러니하다.

  2016년 3월 왕이(Wang Yi, 王毅) 중국 외교장관이 미국 존 케리(John Kerry) 국방장관을 만나서 북한을 침공하는 계획을 논의하였고 미국은 극비리에 이를 합의하였다. 그 후 시진핑 주석이 미국에 가서 오바마 대통령과 직접 타진을 하여 재합의를 하였다. 이처럼 미·중 합의는 이미 이루어졌다. 트럼프의 당선은 더욱더 이 합의안을 수용할 가능성이 크다. 골치 아픈 김정은을 중국이 해결해주는 일을 트럼프가 반대할리는 없다. 중국으로 하여금 김정은을 빨리 제거하려고 할 것이 분명하다. 그렇게 되면 북한은 핵무기 없는 중국의 속국이 될 것이다. 미국은 점령한 후에 중국이 조속히 북한을 철수해야 한다고 하지만 시진핑은 이에 대해서는 아무 대답이 없다. 중국은 북한을 점령한 후 김평일이나 김정남을 데려와 핵무기 없는 나라로 만들어 통치할 가능성이 엿보인다. 북한의 핵을 폐기하는 문제에는 막상 중국은 큰 관심이 없는데 미국이 중국에 그것을 부탁하고 있는 어리석은 처사이다. 미국은 핵을 가지고 있지만 선제공격을 하지 않는다고 하였다. 그것은 상대방이 필요할 때 즉 중국이나 북한이 선제 공격을 하지 않기로 국제적으로 공표하고 자기 손발을 묶는 결과가 되고 한국처럼 핵 없는 동맹국은 벌벌 떨 수 밖에 없다. 만약 북한이 미·중 합의안의 정보를 입수하게 되고 북한의 핵실험을 성공하고 소형화 핵탄두를 실은 미사일이 성공하면 그것을 미국에 쏠지 중국에 쏠지 아니면 양방향에 동시에 쏠지 불분명하다. 그러므로 미국과 중국이 손잡을 수 있다. 소련이 동독을 버리고 붕괴되었지만 중국은 북한을 버리지 않는다. 나는 이 사실을 2016년 4월에 알았으나 침묵을 지키며 기다려 왔지만 이 긴박한 상황 앞에서도 한국은 아무 발표가 없다. 반면 중국은 점차 공권력이 강화되고 있다. 한국에 있어서 큰 위협은 북한이 아니고 중국이다. 한국과 북한은 중국과 연결되어 있기 때문에 중국의 침입을 막을 수 없다. 한국은 동북공정으로 한반도를 접수하려는 중국의 검은 야망에 걸려들게 될 것이다.

한일 군사정보 보호협정

1905년 7월 29일에는 일본 총리 가쓰라와 당시 미 육군 장관 태프트(후에 미국 대통령) 간에 비밀협정으로 필리핀은 미국이, 한국은 일본이 관리하는 각서를 교환했다. 1905년 9월 9일에는 미국 대통령은 한국 외교권의 박탈에 의의 없음 선언으로 인해 1905년 11월 17일에는 을사조약이 이루어졌다. 마침내 1910년 8월 29일 한일 강제병탄으로 국권을 잃고 36년 간 탄압을 받으며 질곡의 세월을 살다가 1945년 광복을 맞았으나 미·소 양국이 남, 북으로 점령하여 국토가 분단된 채 오늘 날까지 이어지고 있다. 이러한 약소국의 쓰라린 경험이 있는 우리는 두 번 다시는 이런 전철을 되밟지 않기 위해서 노력해야 한다. 지금의 한국은 마치 구한말의 시대를 보는듯하다. 졸속으로 처리된 한일 군사정보보호협정도 좀 더 신중하게 처리했어야 했다. 한·일 간의 군사 정보의 필요성도 필요하지만 대다수의 국민이 반대하는 중대한 군사협정을 혼란한 정국을 틈타 국민합의도 없이 속전속결로 처리한 것은 경솔한 행위이다. 북한에 대한 공동방어의 장점도 있지만 일본군이 유사시 자국민 보호를 명목으로 한국에 주둔할 수도 있는 위험부담이기도 하다. 전쟁이 가능한 보통 전쟁국가로 변한 아베 정권을 신뢰할 수 있을 것인가. 실제로 아베는 자신의 경제정책인 <아베 노믹스> 가속화를 앞세워 개헌 논의를 제시하고 있다. 아베 정권은 한국과의 군사협정 하루 만에 군 배치, 항만, 군사정보 등을 요구하고 있다. 일본이 군사 대국화 할 경우 가장 먼저 공격 대상이 한국이 될 수도 있다. 최근 일본은 한. 중. 일 정상회담을 열기로 한 일본에서 한국 정상의 방문을 반대하고 있다. 일본의 시골 노인들까지 알고 있는 알고 있는 최순실 게이트를 조롱하며 한국 대통령의 방문을 반대한다고 비판했다. 한국은 그만큼 현재 국격이 추락하고 무방비 상태에 가깝다.

위기의 한반도가 나아갈 길

최근 한국은 대통령이 헌법을 위반하고 비선 실세와 그 일당들에게 국가의 권한을 고스란히 넘겨주고 각종 부정한 이권에 개입하여 온갖 의혹에 휩싸인 국가 최고지도자에 대한 원망과 분노로 온 나라가 송두리째 흔들리고 있다. 광화문을 비롯한 전국 각지에서 백만이 넘는 촛불이 성난 민심으로 요동치고 있다. 뿐만 아니라 북핵문제, 경제위기, 부채 증가, 실업률, 저 출산, 고령화 등으로 그야말로 불안한 미래가 눈앞에 다가오고 있다. 한반도를 위기에서 구하고 국민과 나라를 지키는 책임지는 리더가 간절하다. 한국은 국가의 혼란을 막기 위해 헌법과 절차에 따라 하루속히 정국을 안정시켜야 한다. 지금의 한반도는 격랑 속의 난파선이나 다름없다. 그러나 위기는 오히려 기회가 될 수 있다. 이 위기를 슬기롭게 극복하여 새로운 전환점을 맞아야만 한다.

1984년 5월 6일 여의도 103위 시성식장의
성 요한 바오로 2세 교황과 김수환 추기경

 요한 바오로 2세 (Karol Wojtyla)는 스스로 불행했던 자신의 조국 폴란드를 민주화하고 동·서독의 냉전을 종결시켰다. 그리고 소비에트 공산주의를 붕괴시켜 대개혁을 성취한 지도자로 전쟁을 없애고 평화로운 세계를 구축하는데 일생을 바쳤다. 인류의 모든 정치적, 종교적 지도자들이 이러한 노력에 앞장서야 한다.

한반도는 지구상에 남은 유일한 분단국가이다. 우리는 무엇보다도 역사의 가장 큰 과제인 통일문제에 스스로의 힘으로 매진해야 한다. 그리고 현실적인 문제의 바탕이 되는 경제를 살려야 하고, 역사와 인문학 교육으로 올바른 가치관과 역사관을 가져야 한다. 한국사회에 깊이 뿌리박힌 부정부패를 처단하고 종교나 정치 등 계파를 떠나서 국민 모두가 단합하여 나라를 지켜나가야 한다. 우리는 지금 트럼프, 푸틴, 아베, 시진핑 이 드센 인물들의 강대국 이익 추구에 언제 어떻게 희생양이 될지도 모르는 위기의 한반도에 서 있음을 명심해야 한다.